新媒体活页式特色教材
职业教育智能与新能源汽车领域创新与应用系列教材

新能源汽车故障诊断

主　编　陈彦纶　李　荣　易　娇
副主编　童大权　刘　骞　刘道宽
　　　　欧弘飞

线上课堂

配套资源

北京交通大学出版社
·北京·

内 容 简 介

本书以新能源汽车故障诊断理论与实践为基础，以培养新能源汽车故障诊断技术人员为目标，以新能源汽车故障诊断技术为核心，以新能源汽车故障诊断案例为载体，以新能源汽车故障诊断方法为手段，以新能源汽车故障诊断设备为工具，以新能源汽车故障诊断流程为依据，以新能源汽车故障诊断标准为准绳，对新能源汽车故障诊断进行全面介绍。

本书共设 4 个故障检修项目 12 个实训任务，内容包括：新能源汽车低压电器故障检修、新能源汽车高压供电异常故障检修、新能源汽车驱动系统故障检修、新能源汽车充电系统故障检修。对于每一个故障检修项目，都以国标为基础，对国标内容进行重新梳理和组合，并辅以通俗易懂的理论知识，结合车辆原厂资料，图文并茂，使读者易于理解、乐于学习；对于每一个实训任务，都设置有学习目标、任务描述、任务梳理、相关知识、实训任务、实训工单等栏目。此外，还可以通过扫描二维码进入网络课堂，网络课堂里面有非常丰富的多媒体学习资源，学习手册、工作页、教案、教学 PPT 等资料也一应俱全，无论是学习或教学都很方便。

本书全彩印刷，理论实践并重，可操作性强，可用作职业教育相关专业的教学用书，也可供从业人员参考学习。

版权所有，侵权必究。

图书在版编目（CIP）数据

新能源汽车故障诊断 / 陈彦纶，李荣，易娇主编. -- 北京 : 北京交通大学出版社，2025.1. -- ISBN 978-7-5121-5447-6

Ⅰ. U469.707

中国国家版本馆 CIP 数据核字第 20252TY057 号

新能源汽车故障诊断
XINNENGYUAN QICHE GUZHANG ZHENDUAN

策划编辑：张　亮　　责任编辑：陈跃琴
出版发行：北京交通大学出版社　　电话：010-51686414　　http://www.bjtup.com.cn
地　　址：北京市海淀区高梁桥斜街 44 号　　邮编：100044
印 刷 者：艺堂印刷（天津）有限公司
经　　销：全国新华书店
开　　本：185 mm×260 mm　　印张：9.75　　字数：238 千字
版 印 次：2025 年 1 月第 1 版　　2025 年 1 月第 1 次印刷
定　　价：45.00 元

本书如有质量问题，请向北京交通大学出版社质监组反映。对您的意见和批评，我们表示欢迎和感谢。
投诉电话：010-51686043，51686008；传真：010-62225406；E-mail：press@bjtu.edu.cn。

前　言

随着全球环境问题的日益严重，传统燃油汽车排放的污染物已成为大气污染的主要来源之一。为了应对这一挑战，新能源汽车作为替代传统燃油汽车的重要选择，逐渐得到了广泛关注和推广。然而，新能源汽车在运行过程中也面临着各种故障问题，需要用专业的诊断技术来及时发现和解决这些问题，以保证车辆的安全性和可靠性。因此，编写一本关于新能源汽车故障诊断的教材具有重要的现实意义。

本书将系统地介绍新能源汽车故障诊断方法和技能，并结合实际案例进行演示。首先，将对新能源汽车的低压电器故障检修进行简要介绍，让读者对新能源汽车低压供电系统有一个整体的认识。接下来，重点讲解新能源汽车高压供电异常故障检修、新能源汽车驱动系统故障检修、新能源汽车充电系统故障检修，内容涉及故障诊断的基本原理和方法，包括故障码的读取与解析、传感器和执行器的检测与维修等方面的内容，还将结合实际案例分析故障原因和解决方法，帮助读者更好地理解新能源汽车故障诊断方法。

本书主要面向职业教育相关专业学生、从事新能源汽车维修工作的技术人员、汽车制造企业的技术人员及对新能源汽车感兴趣的广大读者。通过学习本书，读者可以掌握新能源汽车故障诊断的基本技能和方法，提高解决实际问题的能力。同时，也为即将从事相关工作的人员提供了一个系统的学习资源。

在编写过程中，我们得到了许多专家学者的支持和帮助。在此向他们表示衷心的感谢！同时，也要感谢所有参与编写工作的同事们的辛勤付出和贡献。希望这本书能够为广大读者带来实用的知识和技能，为推动新能源汽车的发展做出一份微薄的贡献。

编　者

2024 年 11 月

目　　录

项目 1　新能源汽车低压电器故障检修　1

项目导学　1

任务 1.1　低压供电系统故障检修　2

【学习目标】　2

【任务描述】　2

【任务梳理】　3

【相关知识】　3

1.1.1　低压供电系统（12 V）的组成与工作原理　3

1.1.2　低压供电系统（12 V）的控制逻辑　6

1.1.3　低压供电系统（12 V）电路的基本概念与识读方法　6

【实训任务】低压供电系统故障检修　9

【实训工单】　14

任务 1.2　无钥匙进入系统故障检修　15

【学习目标】　15

【任务描述】　15

【任务梳理】　16

【相关知识】　16

1.2.1　无钥匙进入系统的组成与工作原理　16

1.2.2　无钥匙进入系统电路分析　19

【实训任务】无钥匙进入功能失效故障检修　20

【实训工单】　24

任务 1.3　无钥匙起动系统故障检修　25

【学习目标】　25

【任务描述】　25

【任务梳理】　26

【相关知识】　26

1.3.1　无钥匙起动系统的组成与工作原理　26

1.3.2　无钥匙起动系统电路分析　28

【实训任务】无钥匙起动功能失效故障检修　31

【实训工单】　35

任务 1.4　新能源汽车灯光系统故障检修　36

【学习目标】　36

【任务描述】　36

【任务梳理】　36

【相关知识】　37

1.4.1　灯光系统的组成与工作原理　37

1.4.2　远光灯系统电路分析　38

【实训任务】灯光系统功能失效故障检修　39

【实训工单】　45

项目 2　新能源汽车高压供电异常故障检修　47

项目导学　47

任务 2.1　高压系统绝缘故障检修　48

【学习目标】　48

【任务描述】　48

【任务梳理】　48

【相关知识】　49

2.1.1　高压系统的组成与工作原理　49

2.1.2　高压系统电路分析　51

2.1.3　新能源汽车高压系统绝缘检测原理　51

2.1.4　新能源汽车高压系统绝缘检测方法　52

【实训任务】高压系统绝缘故障检修　53

【实训工单】　60

任务 2.2　动力电池管理系统故障检修　61

【学习目标】　61

【任务描述】　61

【任务梳理】　62

【相关知识】　62

2.2.1　动力电池包的组成与工作原理　62
2.2.2　电池管理系统电路分析　65
【实训任务】动力电池系统故障检修　67
【实训工单】　72

任务 2.3　动力电池高压供电系统故障检修　73
【学习目标】　73
【任务描述】　73
【任务梳理】　74
【相关知识】　74
2.3.1　动力电池高压供电系统的组成与工作原理　74
2.3.2　动力电池高压供电系统电路分析　76
【实训任务】动力电池高压供电系统故障检修　78
【实训工单】　84

项目 3　新能源汽车驱动系统故障检修　85

项目导学　85

任务 3.1　驱动电机及控制系统故障检修　86
【学习目标】　86
【任务描述】　86
【任务梳理】　87
【相关知识】　87
3.1.1　驱动电机及控制系统的组成与工作原理　87
3.1.2　驱动电机及控制系统电路分析　91
【实训任务】驱动电机及控制系统故障检修　93
【实训工单】　97

任务 3.2　驱动电机热管理系统故障检修　98
【学习目标】　98
【任务描述】　98
【任务梳理】　99
【相关知识】　99
3.2.1　驱动电机热管理系统的组成与工作原理　99
3.2.2　驱动电机热管理系统电路分析　100
【实训任务】驱动电机热管理系统故障检修　102
【实训工单】　105

任务 3.3　驱动电机逆变系统故障检修　106
【学习目标】　106
【任务描述】　106
【任务梳理】　106
【相关知识】　107
3.3.1　驱动电机逆变系统的组成　107
3.3.2　电机逆变系统的工作原理　109
【实训任务】驱动电机逆变系统故障检修　114
【实训工单】　119

项目 4　新能源汽车充电系统故障检修　121

项目导学　121

任务 4.1　新能源汽车交流慢充系统故障检修　122
【学习目标】　122
【任务描述】　122
【任务梳理】　123
【相关知识】　123
4.1.1　交流慢充系统的组成与工作原理　123
4.1.2　交流慢充系统的控制逻辑　124
4.1.3　交流慢充系统电路分析　129
【实训任务】交流慢充系统故障检修　129
【实训工单】　134

任务 4.2　新能源汽车直流快充系统故障检修　135
【学习目标】　135
【任务描述】　135
【任务梳理】　136
【相关知识】　136
4.2.1　直流快充系统的组成与工作原理　136
4.2.2　直流快充系统的控制逻辑　137
4.2.3　直流快充系统电路分析　138
【实训任务】新能源汽车直流快充故障案例分析与故障检修　140
【实训工单】　146

参考文献　147

项目1 新能源汽车低压电器故障检修

项目导学

近些年来，我国新能源汽车技术在研发和应用方面实现了突破性进展，这在客观上要求企业提高维修水平，更新故障维修方式，借助有效的诊断技术来提升维修效率。在实际运用中，可能会有诸如车辆无法有效起动之类的情况出现，致使车辆自身续航能力下降，无法正常行驶。本项目致力于新能源汽车低压电器故障检修，着重培育学习者针对低压供电系统、无钥匙进入系统、无钥匙起动系统的故障诊断及维修能力。经过学习，学习者能够拥有新能源汽车低压电器系统异常故障的检修技能，同时养成严谨精细的实践能力及解决问题的能力。

任务 1.1　低压供电系统故障检修

学习目标

知识目标：

1. 掌握低压供电系统的组成结构和工作原理；
2. 掌握低压供电系统故障的可能原因的分析方法；
3. 掌握低压供电系统的相关模块的端子定义，以及端子信号的数值、波形的标准状态。

技能目标：

1. 能够通过电路图、维修手册，找到低压供电系统相关的线束、部件；
2. 能够通过观察车辆仪表状态、故障码、数据流等车辆信息，初步判断低压供电系统故障的可能原因；
3. 能够使用诊断仪读取低压供电系统相关的故障码与数据流；
4. 能够使用正确的诊断测量工具，测量低压供电系统相关的模块线束等元器件的工作数值、波形；
5. 能够结合车辆故障现象、故障码、数据流及相关测量数据，找到并修复低压供电系统的故障点。

素质目标：

1. 在低压供电系统故障检修过程中，培养学生相互学习、彼此合作、共同探索新鲜事物的能力。
2. 通过低压供电系统故障检修，提高自己对 5S 管理的理解和实践能力。

任务描述

京浩购买了一辆二手比亚迪秦 EV，使用了一段时间后发现：车辆长时间停放后，无法正常起动。经过检查发现，车辆的低压蓄电池存在漏电问题，导致整车低压供电异常，低压模块无法正常工作，车辆无法正常起动。作为一名新能源汽车维修工，你如何来解决这一问题呢？

任务梳理

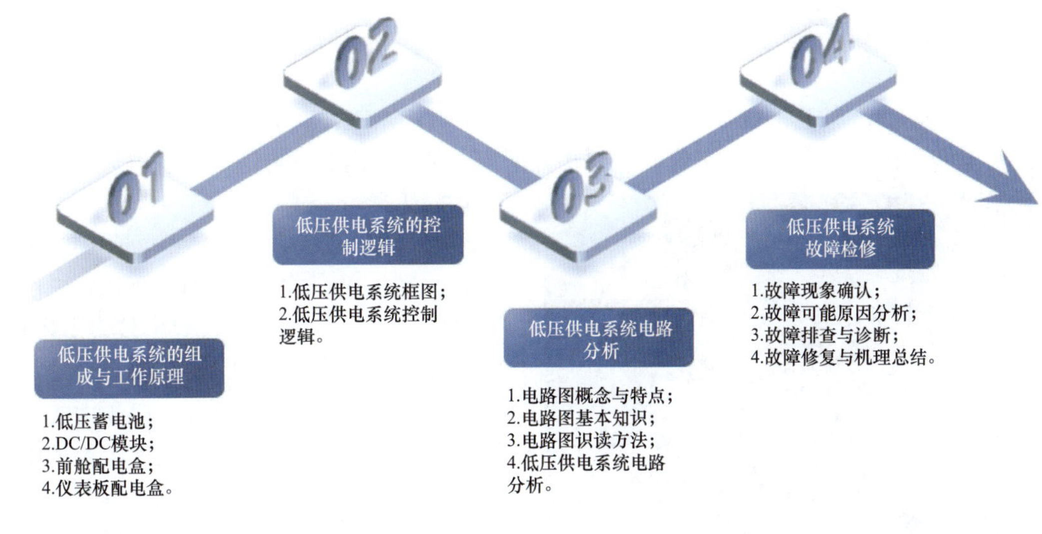

相关知识

1.1.1　低压供电系统（12 V）的组成与工作原理

在新能源电动汽车上有许多低压用电设备，比如仪表盘、电动车窗、雨刷器、车灯、多媒体设备等。这些设备在 12 V、24 V 或 48 V 低电压下才能正常工作，然而电动汽车的动力电池的电压高达 200~800 V，那么电动汽车是如何实现低压 12 V 供电的？我们先来看看低压供电系统由哪些部件组成，同时了解它们的功能及在车上的安装位置。

<<< 1. DC/DC 变换器

DC/DC 变换器是完成高低压转换的核心部件，在车上的安装位置如图 1.1 所示。当车辆起动时，低压电主要靠低压蓄电池供电，动力电池组完成上电后，动力电池组将高压直流电

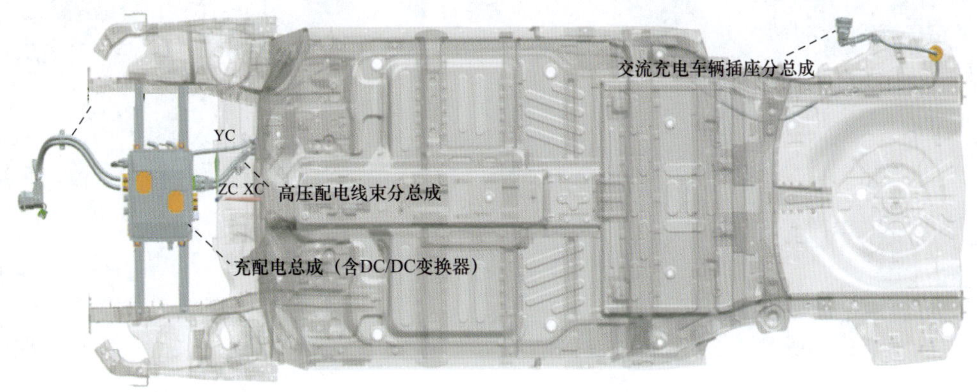

图 1.1　DC/DC 变换器在车上的安装位置

通过高压配电系统输入给 DC/DC 变换器。DC/DC 变换器将高压直流电转换为低压直流电，为全车低压用电设备供电；当检测到低压蓄电池电压不足时，DC/DC 变换器为低压蓄电池充电。

<<< 2. 低压蓄电池

在传统燃油汽车上，12 V 蓄电池主要用于在发电机未工作时为起动系统和其他用电设备提供电能。由于起动系统在工作时需要很大电流，燃油车辆对蓄电池的起动电流和容量有一定的要求。

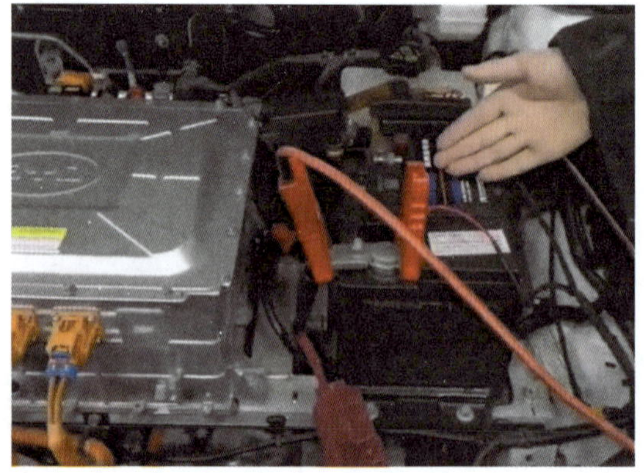
图 1.2　12 V 蓄电池

在纯电动汽车中，12 V 蓄电池（如图 1.2 所示）通常用于向车上的低功率系统供电（比如电动助力方向盘、车灯、仪表、中控、车门锁等）、唤醒动力电池系统（高压动力电池系统在进入工作模式之前，必须由控制单元执行安全检测，而控制单元所需要的电能由 12 V 蓄电池提供）、安全状态变更（如遇紧急情况，高压系统需要在瞬间关闭，低压系统需能够保持门控锁、声音、导航系统等在高压系统关闭时继续工作）。

<<< 3. 低压配电盒

低压配电盒是低压供电系统的核心部件，以比亚迪秦 EV 为例，低压配电盒分为前舱配电盒和仪表板配电盒。其中包含了各种电气元件，如保险丝、继电器、开关等。低压配电盒将电能分配到不同的电器设备上，同时还可以对电流进行保护和控制。前舱配电盒安装于前舱左侧，如图 1.3 所示。仪表板配电盒位于方向盘左下方，如图 1.4 所示，与车身控制模块 BCM 集成于一体。前舱配电盒正面布置如图 1.5 所示，前舱配电盒保险的定义、规格如图 1.6 所示。

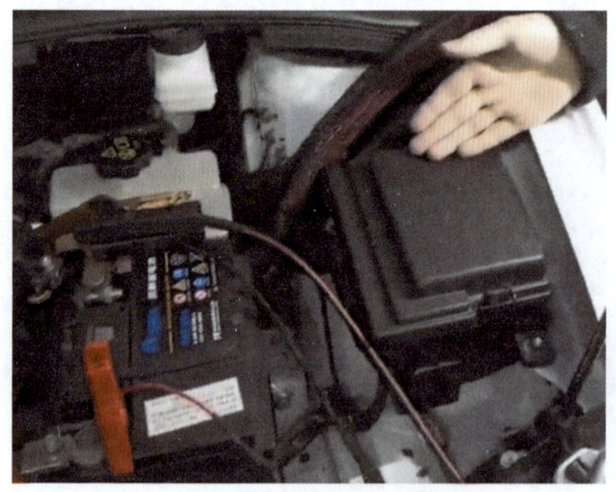
图 1.3　前舱配电盒

图 1.4　仪表板配电盒

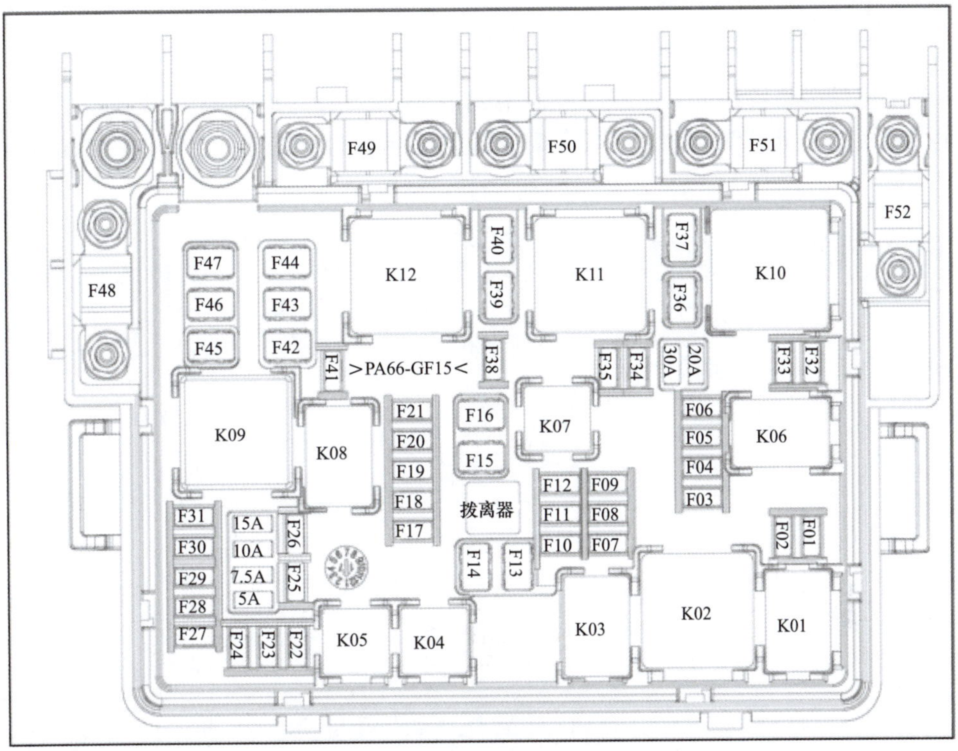

图 1.5　前舱配电盒正面布置

编号	规格	保险名称	编号	规格	保险名称	编号	规格	保险名称
F1/1	15 A	左近光灯	F1/21	—	预留	F1/41		预留
F1/2	15 A	右近光灯	F1/22	5 A	充配电总成	F1/42		—
F1/3	5 A	昼行灯	F1/23	25 A	燃油加热器	F1/43	30 A	雨刮
F1/4	5 A	高压BMS	F1/24	—	—	F1/44	40 A	真空泵2
F1/5	5 A	EVP检测	F1/25	—	预留	F1/45		—
F1/6	—	预留	F1/26	—	预留	F1/46		—
F1/7	10 A	电池冷却水泵	F1/27	—	—	F1/47		—
F1/8	7.5 A	电动压缩机	F1/28	—	—	F1/48	200 A	电池
F1/9	10 A	洗涤电机	F1/29	—	—	F1/49		预留
F1/10	7.5 A	空调ECU	F1/30	—	—	F1/50	80 A	仪表板配电盒
F1/11	10 A	电机冷却水泵	F1/31	—	—	F1/51	70 A	CEPS
F1/12	5 A	整车控制器	F1/32	15 A	左远光灯	F1/52		预留
F1/13	40 A	鼓风机	F1/33	15 A	右远光灯			
F1/14	30 A	后除霜	F1/34	10 A	DC			
F1/15	—	预留	F1/35	—	—			
F1/16	—	预留	F1/36	40 A	ABS/ESP			
F1/17	10 A	喇叭	F1/37	40 A	真空泵1			
F1/18	5 A	暖风水泵	F1/38	—	预留			
F1/19	—	预留	F1/39	25 A	ABS/ESP			
F1/20	—	预留	F1/40	40 A	风扇			

图 1.6　前舱配电盒保险的定义、规格

需要时可沿此线裁成活页

4. 控制单元

部分低压供电系统还配备了一个控制单元，用于监测和控制整个低压系统的工作。控制单元可以根据车辆的工作状态和负载需求来调整电池的充放电状态，并对电流进行监测和保护。

1.1.2 低压供电系统（12 V）的控制逻辑

1）低压供电系统框图

低压供电系统框图如图 1.7 所示。

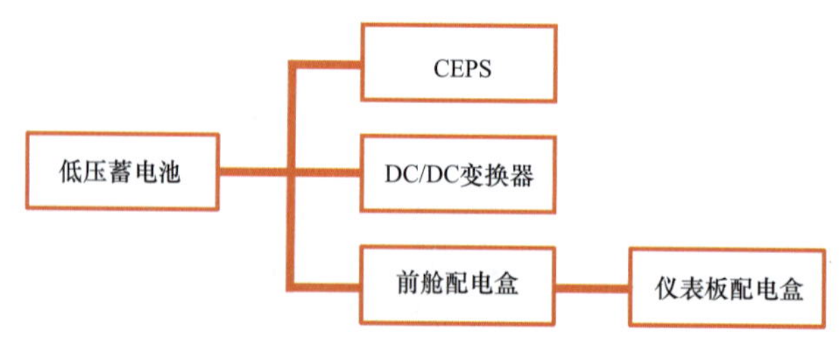

图 1.7 低压供电系统框图

2）控制逻辑

车辆起动前，整车由蓄电池供电，经过前舱配电盒、仪表板配电盒后，给全车低压用电设备供电。车辆高压上电成功以后，DC/DC 变换器开始工作，将动力电池包内的高压直流电转化为低压直流电，给全车低压用电设备供电，同时也给蓄电池充电。

1.1.3 低压供电系统（12 V）电路的基本概念与识读方法

1. 汽车低压电路的概念及特点

1）汽车低压电路的概念

在汽车上用导线和车身把电源（蓄电池、发电机或 DC/DC 变换器）、配电模块、控制器和用电设备等装置连接起来，构成能使用电设备正常工作的电流流通的路径，称为汽车电路。汽车低压电路图就是由很多条这样的汽车电路构成的。

配电装置包括前舱配电盒、仪表板配电盒、导线、连接器等，其作用是把电源分配到各用电设备或控制模块，并连接各用电设备或控制模块，使全车电路构成一个统一的整体。

2）汽车低压电路的特点

（1）汽车低压电路采用单线制(高压电路的回路是单独的回路，与低压电路隔离）。单线制把车身作为电源的负极，也就是通常所说的地，电流从正极端经过配电装置到用电设备、车身，通过车身再回到电源的负极端。

（2）汽车电路中的用电设备均为并联，一个或几个用电设备出故障不影响其他用电设备工作。

（3）汽车电路中有两个供电电源，燃油车是蓄电池和发电机，电动车是蓄电池和DC/DC变换器。

（4）汽车电路中均安装有过载保护装置（保险），其作用如下：一是保护每个用电设备，每个用电设备使用都有自己的电压和电流范围，可防止过载和过流烧毁用电设备；二是对整车保护，防止过流烧毁电线，引起整车损坏。

<<< 2. 电路图基本知识

1）汽车电路图常识

（1）电源部分到各用电设备保险盒开关的导线是用电设备的公共供电线，在原理图中画在电路图的上部，接地点画在电路图的下部。

（2）汽车低压电路的特点是双电路、单线制，各用电设备相互并联，保险、继电器和开关串联在电路中。

（3）用电设备都经过保险（熔断器），受保险保护。

（4）开关处于断开和继电器线圈不通电状态。

（5）整车电路按功能和工作原理划分成若干独立的电路系统(例如空调系统、雨刮系统、仪表显示系统、辅助驾驶系统等）；

（6）低压供电系统中的保险、继电器往往集中在一起，安装在前机舱或仪表台上，电路比较复杂。为了绘图方便，简化电路图，便于识图，在有的电路图上往往只画出与该用电设备（系统）有关的保险、继电器、控制开关等。

2）回路与电路

（1）所有的电路都是由一个个回路组成的。所谓回路，就是电流从电源正极出来，经用电设备后最终流进电源负极的路径过程，如图1.8所示。

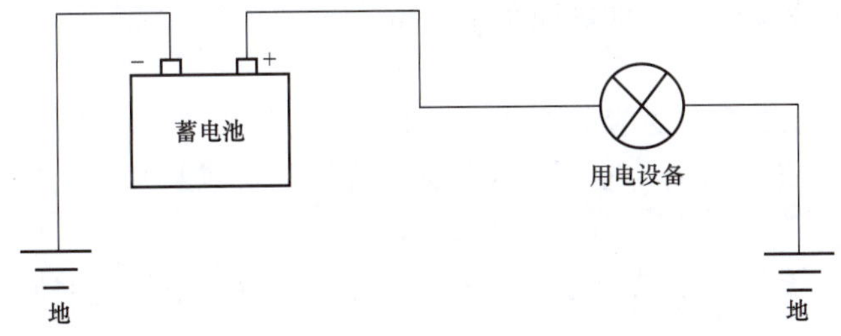

图1.8　回路

（2）电路中只有当电流流过用电设备时，用电设备才能工作。

（3）任何一个电路都应是一个完整的回路，包括电源、开关(或保险)、用电设备(或电子线路)、导线和连接器等，并从电源正极经导线、开关(或熔断器)至用电设备后搭铁，回到同一电源的负极。

3）控制

（1）小电流用电设备，增加开关控制的回路如图1.9所示。

（2）大电流用电设备，增加继电器控制的回路如图1.10所示。

需要时可沿此线裁成活页

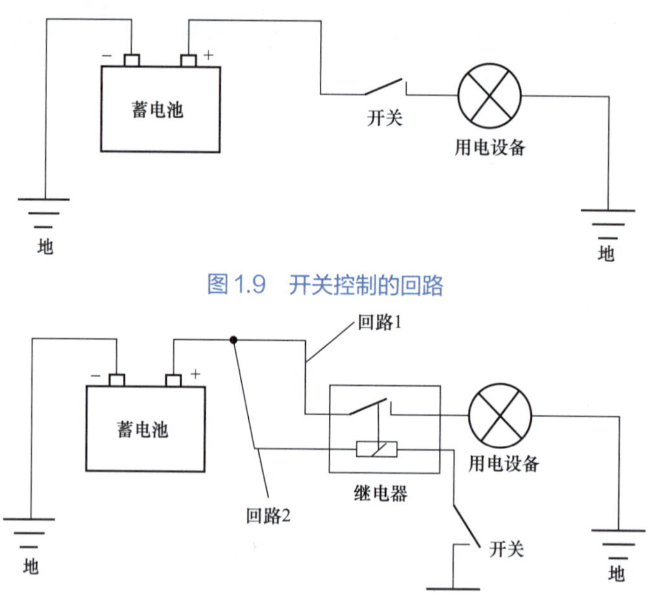

图 1.9　开关控制的回路

图 1.10　继电器控制的回路

<<< 3. 电路图识读方法

1）化整为零，分系统分元件进行分析

（1）按照整车电路系统的功能和工作原理，把整车电控系统划分（简化）成若干独立的电路系统，有重点地进行分析。

（2）汽车电路虽然复杂，但都是由完全不同功能、相对独立的单元电路组成的，即使在同一张电路图中也分为不同的部分，如电源、控制开关或电控单元、用电设备等。只要认真分析，读懂每个单元电路，也就能读懂全车电路。

2）掌握系统功用、技术参数等

在分析某个电路系统前，要清楚该电路中所包括的各部件的功能、作用、操作、技术参数等。例如，电路中的各种自动控制开关在什么条件下闭合或断开、是低有效还是高有效等。

3）判断汽车电路原理图的类型

根据汽车电气系统的工作原理可把汽车电路原理图分为电控电路原理图和非电控电路原理图。

（1）对于电控电路原理图，可以以电控单元为核心把电路原理图分为 4 部分：① 电控单元信号输入电路；② 执行器工作电路；③ 电控单元电源电路；④ 其他电器设备电路。

（2）对于非电控电路原理图，可以从用电设备入手，根据用电设备找出控制器。若控制器为继电器，则要先分析继电器线圈电路，然后再分析继电器控制用电设备的电路。应注意，继电器有时候不止控制一个用电设备，这时候应对电路加以区分。

4）利用电气回路原则

汽车上的用电设备都必须在蓄电池正负极之间构成完整的闭合回路才能工作。可以利用该电气回路原则从用电设备入手对汽车电路进行分析，如用电设备的电源从哪里提供、地接到哪里。

<<< 4. 低压供电系统电路分析

低压供电系统电路简图如图 1.11 所示。

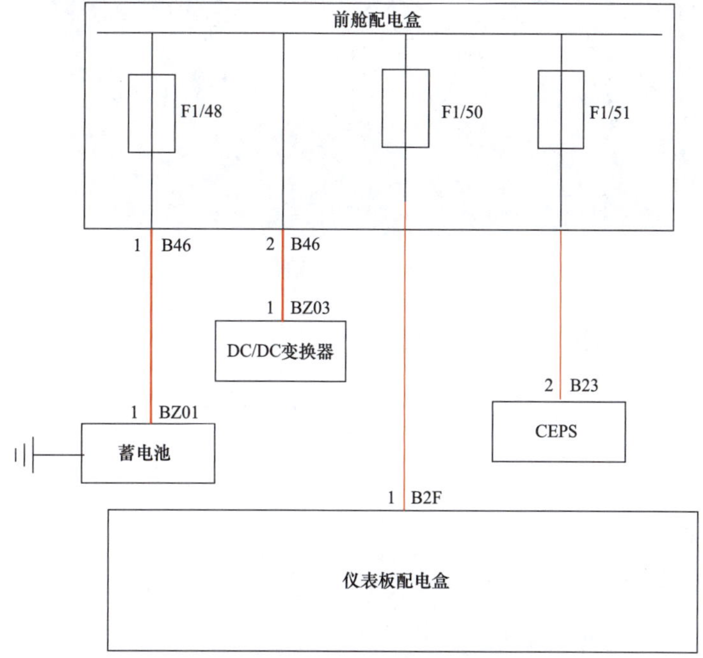

图 1.11　低压供电系统电路简图

当车辆处于 OFF 档位置时，低压供电系统由蓄电池供电，蓄电池正极通过 BZ01/1 号端子，经过前舱配电盒的 F1/48 号保险给前舱配电盒供电。同时，经过前舱配电盒的 F1/51 号保险至 B23/2 线路，给转向柱助力电机（CEPS）供电；经过 F1/50 号保险至 B2F/1 线路给仪表板配电盒供电。

当车辆处于 READY 档位置时，高压上电成功，DC/DC 变换器开始工作，可经过 F1/48 号保险至 BZ01/1 线路给蓄电池充电。同时，经过 F1/50 号保险至 B2F/1 线路给仪表板配电盒供电，经过前舱配电盒的 F1/51 号保险至 B23/2 线路，给转向柱助力电机（CEPS）供电。

实训任务

低压供电系统故障检修

任务实施步骤：

<<< 1. 低压供电系统故障现象确认

（1）驾驶员携带本车钥匙解锁车辆，若车辆无法解锁，则利用机械钥匙进入车辆。

（2）踩下制动踏板，按起动按钮，车辆无法正常起动，仪表无任何显示，如图 1.12 所示。

（3）按下喇叭，喇叭不响。

（4）按下双闪警示灯开关，双闪警示灯不亮。

图 1.12　仪表不亮，无任何显示

<<< 2. 低压供电系统故障分析

仪表、喇叭、危险警示灯等低压负载均不工作，说明车辆低压供电系统存在故障。结合故障现象及分析可初步确定故障原因可能为：

（1）低压配电盒故障；

（2）DC/DC 变换器故障；

（3）低压蓄电池故障。

<<< 3. 低压供电系统故障诊断步骤解析

（1）测量低压蓄电池电压：因为故障原因可能为低压配电盒故障、DC/DC 变换器故障、低压蓄电池故障，又因为低压蓄电池的电压测量是最方便的，所以，先用万用表直流电压档测量车辆低压蓄电池电压（图 1.13），测得数值为 4.50 V，数值偏低，说明低压蓄电池严重欠压。

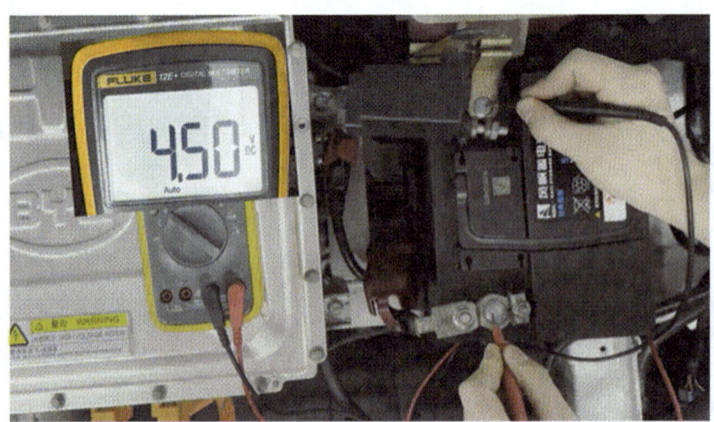

图 1.13　测量车辆低压蓄电池电压

（2）低压蓄电池欠压可能原因分析：根据整车低压供电逻辑分析，可能原因（图 1.14）包括以下几个方面：① 低压蓄电池故障；② 低压供电系统存在漏电故障；③ 万用表故障；④ 测量方法不标准；⑤ 低压蓄电池进入休眠状态。

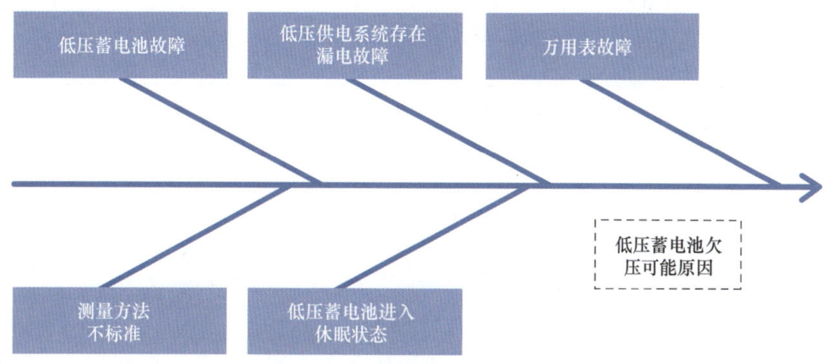

图 1.14　故障可能原因分析

注意

测量低压蓄电池电压时，万用表表笔应尽可能垂直于低压蓄电池极柱，同时双手给予红黑表笔一定的下压力，尽可能地增大万用表表笔与低压蓄电池极柱的接触面积，如图 1.15 所示，使测量结果尽可能准确。不可将万用表表笔斜搭在蓄电池极柱之上，如图 1.16 所示。

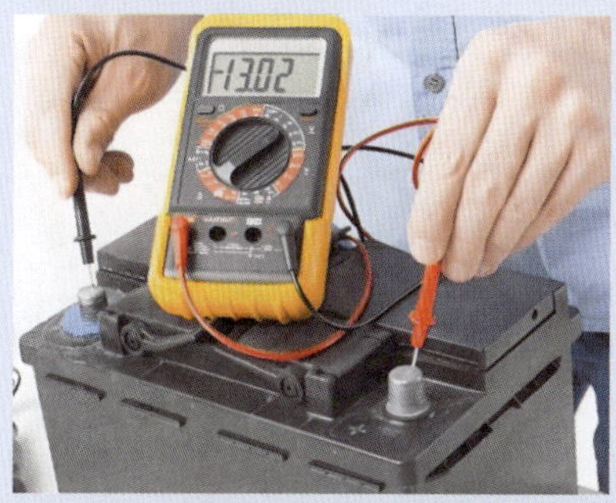

图 1.15　低压蓄电池电压测量正确示范

图 1.16　低压蓄电池电压测量错误示范

（3）低压蓄电池休眠电流测量：在更换新的低压蓄电池之前，先检查车辆低压供电系统是否存在漏电故障。使车辆至 OFF 档，关上 4 个车门（主驾驶侧车门处于假锁状态），关闭车辆尾箱，前机舱盖处于假锁状态，等待 5 min。将万用表档位调至直流电流档，红黑表笔分别与负极极柱、连接端子相连，同时断开蓄电池负极。此时，蓄电池休眠电流数值为 0.28 A（图 1.17），大于标准值 80 mA，说明车辆低压供电系统存在漏电故障。

图 1.17　测量低压蓄电池休眠电流

（4）拔下 F1/51 号保险，观察电流数值：保持万用表状态不变，拔下蓄电池正极至转向柱助力电机（CEPS）供电保险 F1/51，观察万用表电流读数，此时电流读数无变化，仍为 0.28 A，说明转向柱助力电机不存在漏电故障。

（5）拔下 F1/50 号保险，观察万用表电流数值：保持万用表状态不变，拔下蓄电池正极至仪表板配电盒供电保险 F1/50（图 1.18），观察万用表电流读数，此时电流读数降为 0.04 A，

电流数值不正常，说明仪表板配电盒及后端负载存在漏电故障。

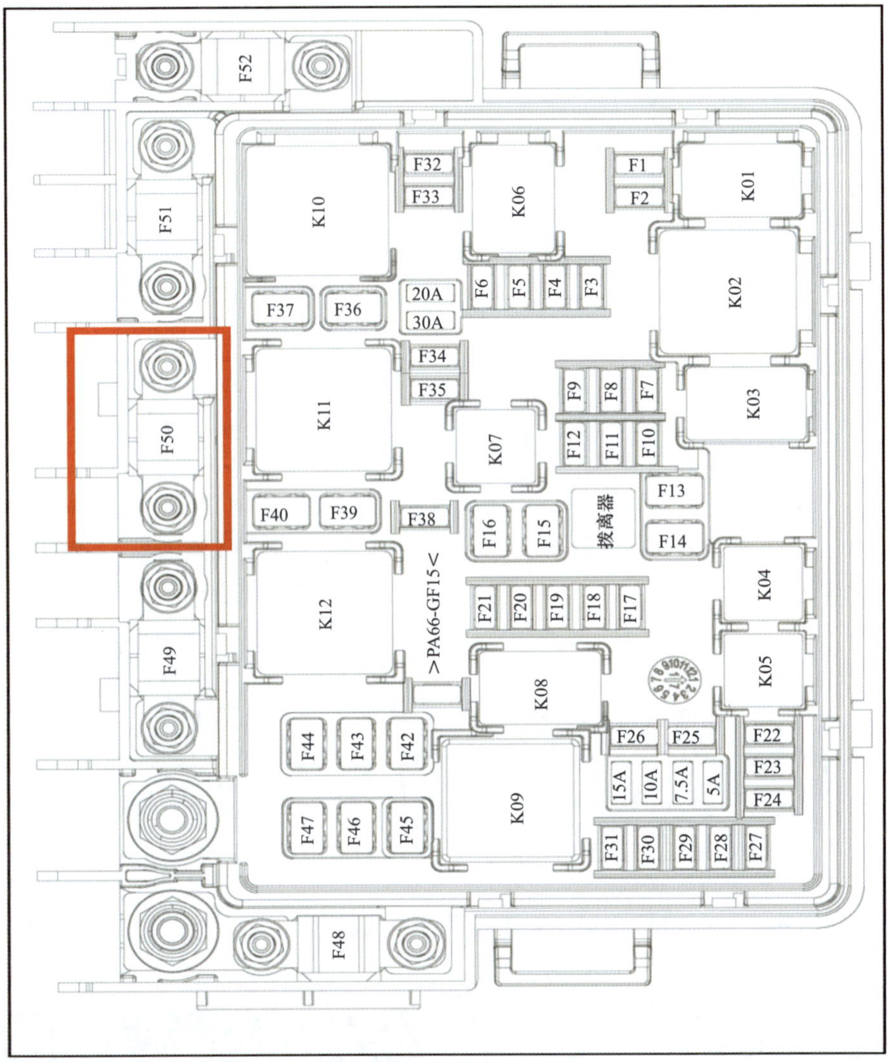

图 1.18　F1/50 号保险位置

（6）插上 F1/50 号保险后，逐一拔下仪表板配电盒内的常电供电保险，观察万用表电流读数。

仪表板配电盒保险定义如图 1.19 所示。

通过查阅电路图可知，仪表板配电盒内的常电供电保险有：F2/4、F2/10、F2/17、F2/5、F2/9、F2/14、F2/43、F2/42、F2/38、F2/46、F2/47、F2/48、F2/45、F2/41、F2/36、F2/44 等。当拔下 F2/43 号保险（图 1.20）后，电流读数降为 0.04 A，电流数值正常。通过查阅电路图（图 1.21）可知，F2/43 号保险负责给车辆多媒体供电，拔下保险后，车辆休眠电流数值恢复正常，说明车辆多媒体（PAD 主机）存在漏电故障。

图 1.19　仪表板配电盒保险定义

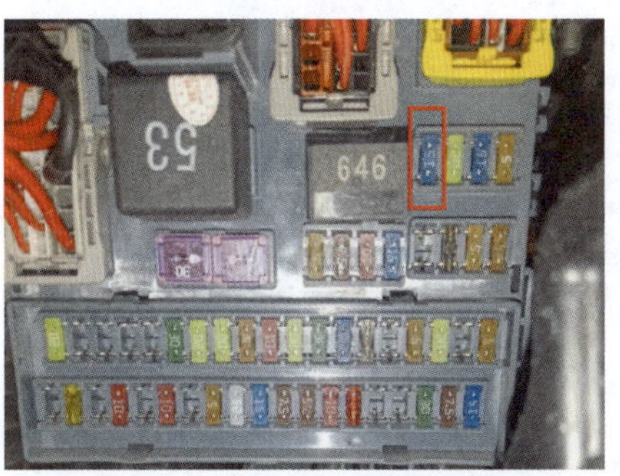

图 1.20　F2/43 号保险安装位置

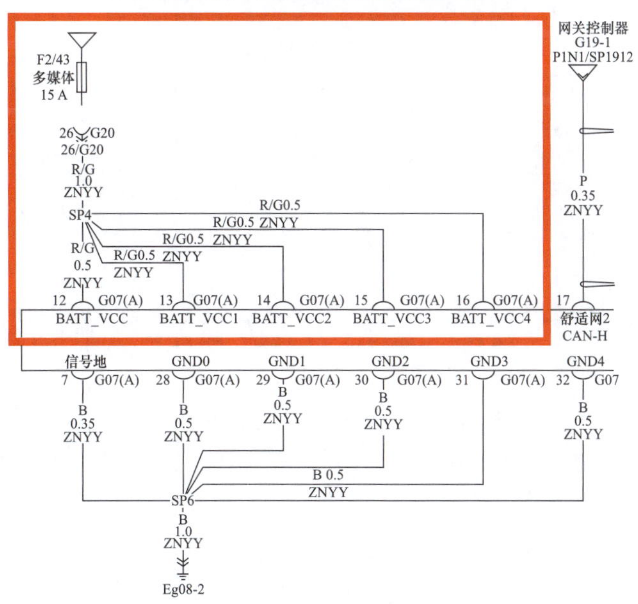

图 1.21　F2/43 号保险相关电路图

需要时可沿此线裁成活页

<<< 4. 低压供电系统故障排除与维修总结

1）修复故障

（1）更换 PAD 主机，并连接好所有压插头。

（2）再次测量蓄电池休眠电流，数值正常，说明故障已修复。

2）维修总结

由于 PAD 主机出现漏电故障，导致整车在 OFF 档（休眠）状态时，低压蓄电池休眠电流过大，低压蓄电池电压下降过快，低压供电系统工作异常。当车主将车辆长时间放置后，再次起动车辆时，蓄电池电压已不足以支撑整车起动所需电压，车辆无法起动。更换漏电部件 PAD 主机后，低压供电系统工作正常，故障修复。

低压供电系统故障检修实训工单

<table>
<tr><td>学生姓名</td><td colspan="3"></td><td colspan="2">班级</td><td></td></tr>
<tr><td>车辆信息登记</td><td></td><td>教师评分</td><td></td><td colspan="2">实际用时</td><td></td></tr>
<tr><td>项目</td><td colspan="3">内　容</td><td>配分</td><td>得分</td><td>备注</td></tr>
<tr><td>故障现象描述</td><td colspan="3"></td><td>15</td><td></td><td>包含触发条件、仪表现象、功能现象、诊断仪信息等故障现象</td></tr>
<tr><td>通过分析找出故障可能原因</td><td colspan="3"></td><td>20</td><td></td><td>结合故障现象，分析故障初步原因</td></tr>
<tr><td>维修资料查阅</td><td colspan="3"></td><td>10</td><td></td><td>查阅电路图、维修手册，找出故障相关维修说明</td></tr>
<tr><td>过程数据记录</td><td colspan="3"></td><td>20</td><td></td><td>记录故障诊断的测量条件、测量工具、测量数据及相关判断结论</td></tr>
<tr><td>故障点和故障类型</td><td colspan="3"></td><td>15</td><td></td><td>准确记录故障点及类型</td></tr>
<tr><td>故障机理分析</td><td colspan="3"></td><td>20</td><td></td><td>分析故障形成原因及解决方法</td></tr>
</table>

任务 1.2　无钥匙进入系统故障检修

学习目标

知识目标：

1. 掌握无钥匙进入系统的组成结构和工作原理；
2. 掌握无钥匙进入系统功能失效的可能原因的分析方法；
3. 掌握无钥匙进入系统的相关模块的端子定义，以及端子信号的数值、波形的标准状态。

技能目标：

1. 能够通过电路图、维修手册，找到无钥匙进入系统相关的线束、部件；
2. 能够通过观察车辆仪表状态、故障码、数据流等信息，初步判断无钥匙进入系统故障的可能原因；
3. 能够使用诊断仪读取无钥匙进入系统相关的故障码与数据流；
4. 能够使用正确的诊断测量工具，测量无钥匙进入系统相关的模块线束等元器件的工作数值、波形；
5. 能够结合故障现象、故障码、数据流及相关测量数据，找到并修复无钥匙进入系统故障的故障点。

素质目标：

1. 在无钥匙进入功能失效故障检修过程中培养学生互相学习、彼此合作、共同探索新鲜事物的能力；
2. 通过无钥匙进入功能失效故障检修，提高自己对 5S 管理的理解与实践能力。

任务描述

京浩购买了一辆二手比亚迪秦 EV，使用了一段时间后发现通过无钥匙进入功能无法解锁车辆。作为一名新能源汽车维修工，你如何来解决这一问题呢？

需要时可沿此线裁成活页

任务梳理

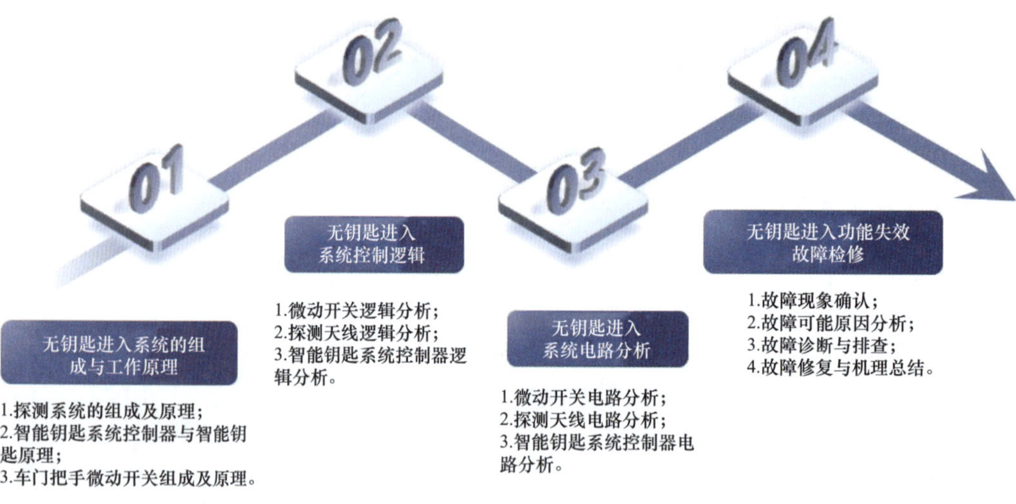

相关知识

1.2.1 无钥匙进入系统的组成与工作原理

<<< 1. 无钥匙进入系统的组成及部件位置

1）探测系统

探测系统由 6 个探测天线总成（车内 3 个，车外 3 个）和 1 个集成在控制器内的高频接收模块组成，可探测车内有效范围及车外一定范围。其中，车内 3 个天线分别为前部、中部、后部探测天线，如图 1.22 ~ 图 1.24 所示。车外 3 个天线分别为左前门、右前门、后背门探测天线，其中左前门、右前门探测天线集成在车门把手内部，如图 1.25 所示。

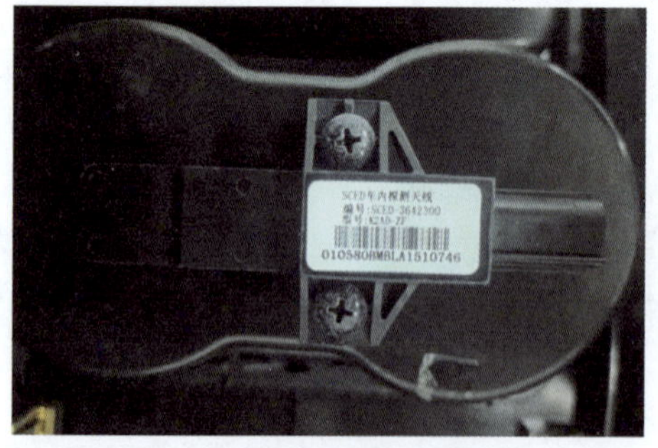

图 1.22 车内前部探测天线

图 1.23 车内中部探测天线

2）智能钥匙系统控制器与智能钥匙

无钥匙进入系统通过一个智能钥匙系统控制器（图 1.26）进行控制，当智能钥匙系统控制器探测到智能钥匙（图 1.27）在某个探测区域范围内，则对钥匙进行探测与验证，并发送解闭锁的信号给执行动作的车身控制模块 BCM（图 1.28），完成整个系统工作。

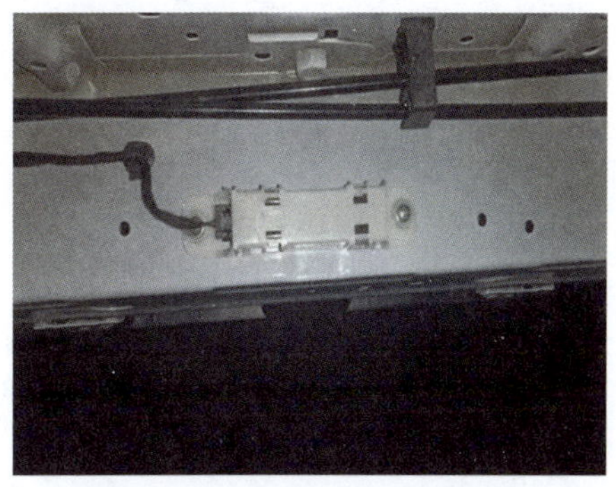

图 1.24　车内后部探测天线

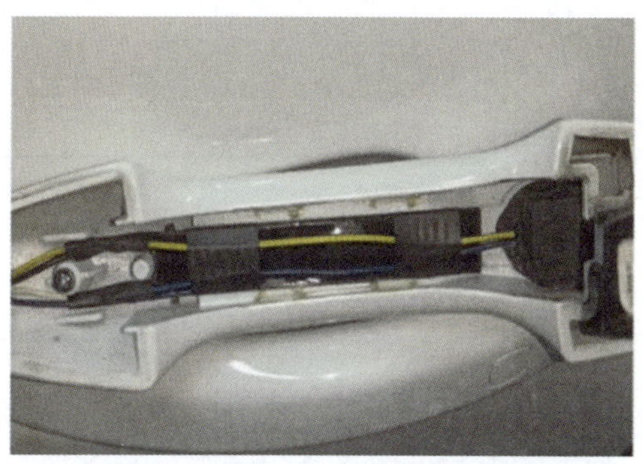

图 1.25　车外探测天线（门把手内）

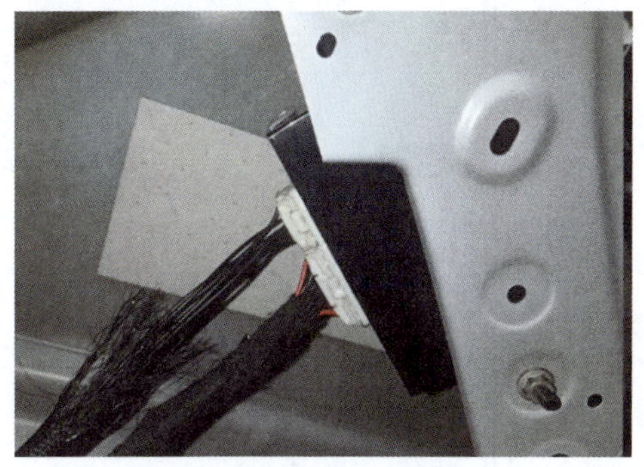

图 1.26　智能钥匙系统控制器

图 1.27　智能钥匙

3）车门把手微动开关

车门把手微动开关（图 1.29）是一种在汽车车门上安装的重要部件，它可以用来控制车门的开关和锁定功能。比亚迪秦 EV 分别在左前门、右前门和后备箱把手上设置了微动开关，当车主需要进入或离开车辆时，只需轻轻一按即可完成车门的打开或关闭，让车主能够轻松出入车辆，提高了驾驶的舒适度和便利性。

图 1.28　车身控制模块 BCM

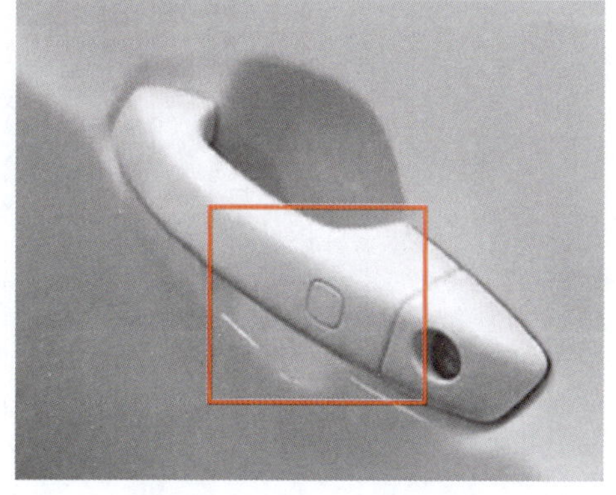

图 1.29　车门把手微动开关

2. 无钥匙进入系统的控制逻辑

无钥匙进入系统框图如图 1.30 所示。

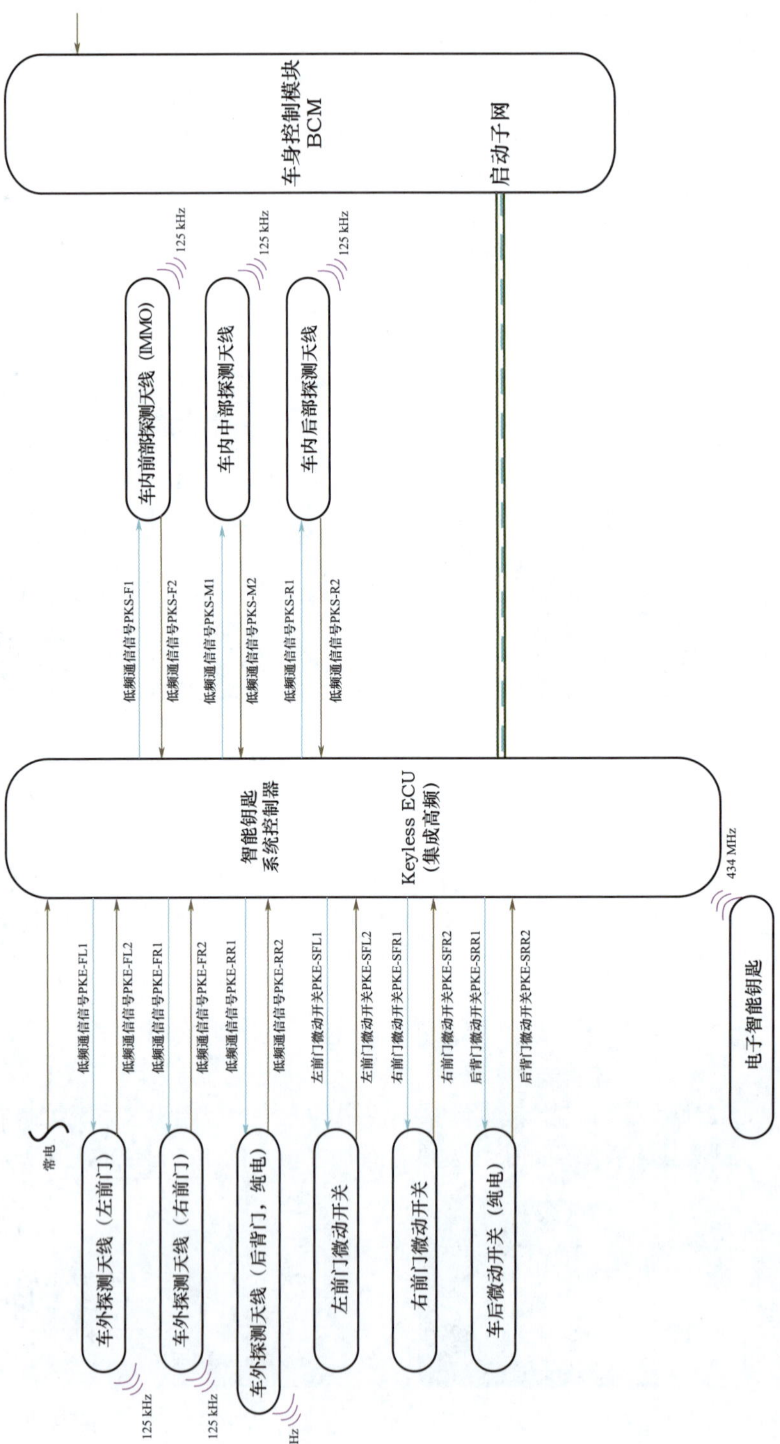

图 1.30　无钥匙进入系统框图

比亚迪秦 EV 车门微动开关，信号连接到智能钥匙系统控制器（Keyless ECU），Keyless ECU 驱动车外磁卡探测天线，发出含有加密报文的 125 kHz 的低频检测信号，用于车辆合法钥匙检测认证（车外探测天线的信号检测范围在 0.8 ~ 1 m）；电子智能钥匙接收低频检测信号，读取数据后与触发信号进行比较，若匹配，钥匙电路被唤醒；钥匙分析数据并加密，通过钥匙的高频模块发出高频信号给汽车（用于车辆解锁、闭锁、起动及迎宾灯点亮等功能实现），汽车内部集成了高频接收器的 Keyless ECU 接收智能钥匙的密钥信息，Keyless ECU 分析数据并进行比较验证；如果验证通过，Keyless ECU 通过起动子网通知汽车 BCM 开启所有车门的门锁。

1.2.2 无钥匙进入系统电路分析

无钥匙进入系统由微动开关、控制模块、探测天线三部分组成，电路图如图 1.31 所示。

<<< 1. 微动开关

微动开关分别装在左前门把手、右前门把手及后背门开关上，智能钥匙系统控制器通过 T08/5 与 6 号端子给左前门微动开关发送信号。按下微动开关后，信号被拉低，智能钥匙系统控制器通过信号变化识别微动开关的状态。右前门微动开关、后背门微动开关电路原理同左前门一致。

<<< 2. 控制模块

控制模块即智能钥匙系统控制器。蓄电池经过前舱配电盒、仪表板配电盒的 F2/46 号保险，再通过 KG25（A）/1 号端子给智能钥匙系统控制器供电，同时控制模块通过 KG25（A）/9 与 KG25（A）/10 号端子至 Ek06 号接地点进行接地。控制模块通过 KG25（B）/6 与 12 号端子进入起动子网与车身控制模块 BCM 进行通信。

<<< 3. 探测天线

探测天线分为车内探测天线与车外探测天线，分别检测车内外的钥匙状态。车内探测天线又分为前部探测天线、中部探测天线、后部探测天线，分别通过 G32/1、G32/2、G33/1、G33/2、K25/1、K25/2 号端子与智能钥匙系统控制器连接。智能钥匙系统控制器通过前部探测天线、中部探测天线、后部探测天线发出含有加密报文的 125 kHz 的低频检测信号，对车辆合法钥匙进行检测认证。

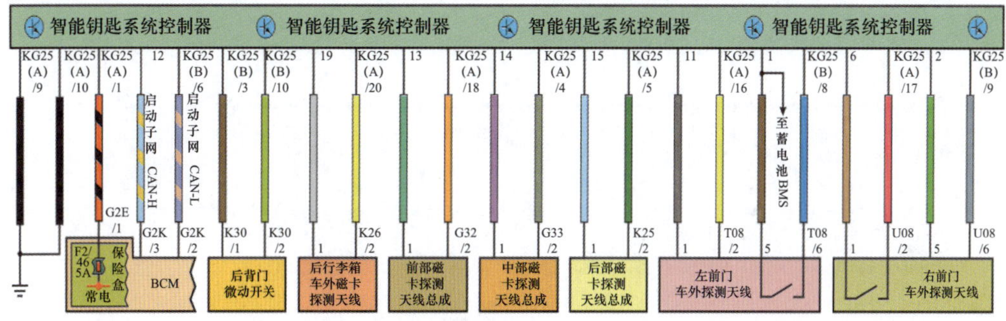

图 1.31 无钥匙进入系统电路图

实训任务

无钥匙进入功能失效故障检修

任务实施步骤：

1. 无钥匙进入功能失效故障现象确认

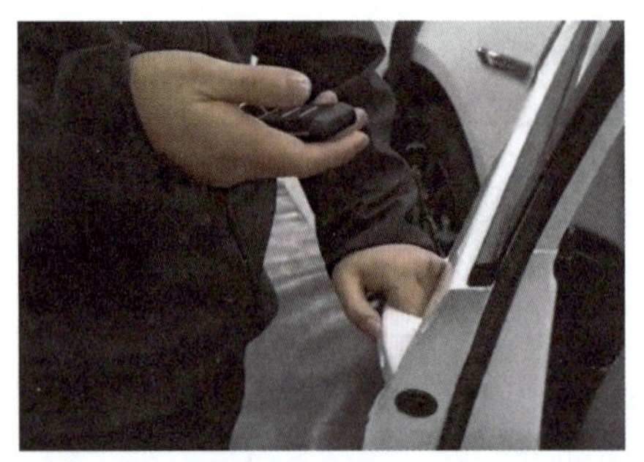

图 1.32　按下左前门微动开关，钥匙指示灯未点亮，门未解锁

1）故障现象

驾驶员携带本车钥匙，按下左前门微动开关，车门无法正常解锁，钥匙指示灯未点亮，如图 1.32 所示。

2）无钥匙进入功能验证

驾驶员携带本车钥匙，按下右前车门微动开关，钥匙指示灯闪烁，车门可以正常解锁；按下尾箱微动开关，钥匙指示灯闪烁，尾箱可以正常解锁。

2. 无钥匙进入功能失效故障分析

驾驶员携带本车钥匙，按下左前门微动开关，钥匙指示灯不亮，车门无法正常解锁。正常情况应是：钥匙指示灯闪烁，同时车门解锁。从无钥匙进入系统的控制逻辑分析看，故障可能原因包括以下 6 个方面（图 1.33）：① 左前门微动开关故障；② 无钥匙控制单元故障；③ 左前门微动开关至无钥匙控制单元之间线路故障；④ 智能钥匙故障；⑤ 门锁电机及控制单元故障；⑥ 车外探测天线故障。结合故障现象，驾驶员携带本车钥匙，按下右前车门微动开关，钥匙指示灯闪烁，车门可以正常解锁；按下尾箱微动开关，钥匙指示灯闪烁，尾箱可以正常解锁；说明门锁电机及控制单元功能正常，智能钥匙功能正常，问题可以初步锁定在左前门微动开关故障、车外探测天线故障、微动开关至无钥匙控制单元之间线路故障以及无钥匙控制单元局部故障。

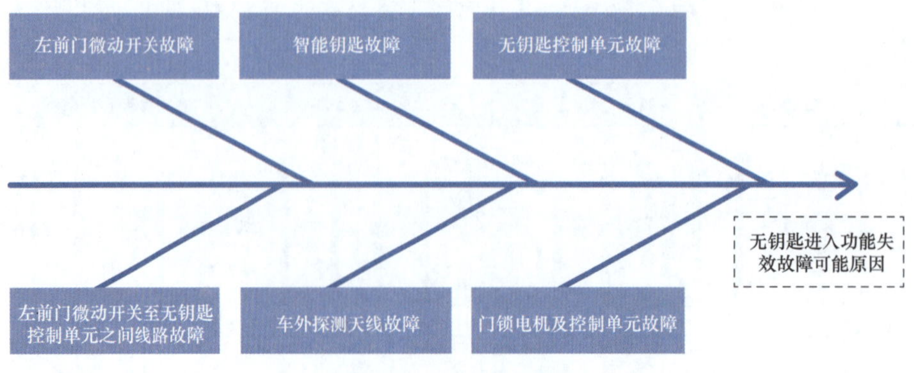

图 1.33　故障可能原因

3. 无钥匙进入功能失效故障诊断步骤

1）连接诊断仪读取故障码、数据流

用智能钥匙解锁车辆，进入车辆，打开点火开关至 START 档，连接诊断接头，通过诊断仪，读取车辆故障码、数据流，如图 1.34 ~ 图 1.37 所示。

图 1.34　进入车辆，打开点火开关至 START 档

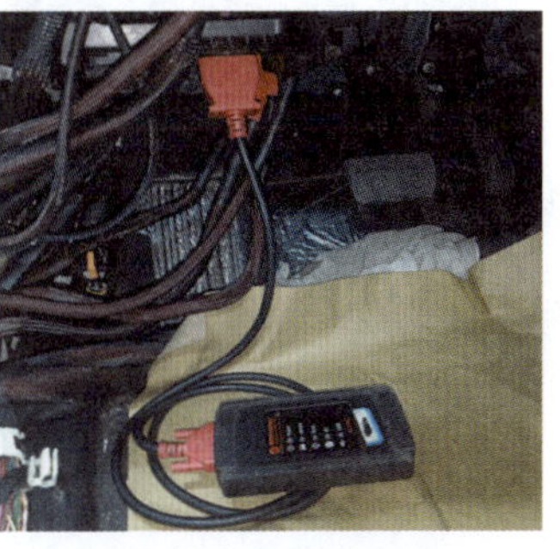

图 1.35　连接诊断接头

图 1.36　读取故障码

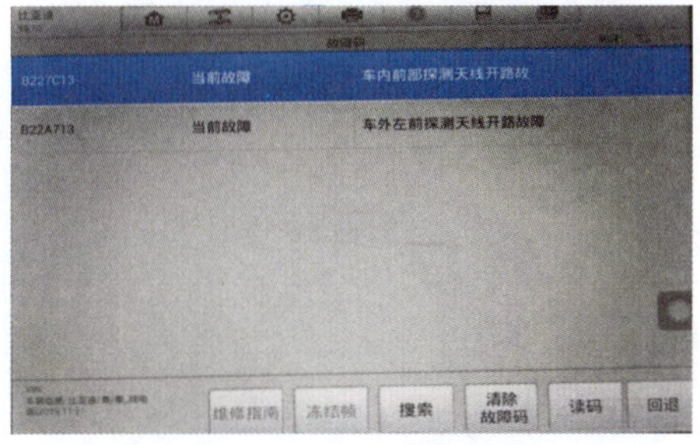

图 1.37　相关故障码

2）进一步分析故障可能原因

结合故障现象分析以及诊断仪读取的故障码，可进一步确定故障可能原因为：左前门微动开关故障、车外探测天线故障、微动开关至无钥匙控制单元之间线路故障以及无钥匙控制单元局部故障（图 1.38）。

项　目	内　容
故障现象描述	1. 按下微动开关，车辆无任何反应，无钥匙进入失效； 2. 故障码：B22A713 车外左前探测天线开路故障。
通过分析得出故障可能原因	1. 车外探测天线，车门微动开关自身及相关线路； 2. Keyless ECU 自身及相关线路。

图 1.38　进一步确定故障可能原因

3）故障诊断及测量

（1）用内饰拆装工具拆下左前门饰板，如图 1.39 所示。

（2）测量无钥匙控制模块 KG25(B)/8 至 T08/6 线路阻值，如图 1.40、图 1.41 所示。测得阻值为 2.8 Ω，数值正常，判断此线路无问题。

图 1.39　拆下左前门饰板

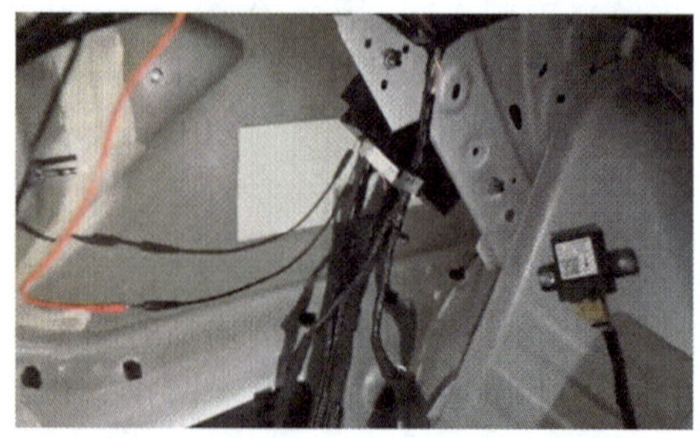

图 1.40　测量 KG25(B)/8 至 T08/6 线路阻值

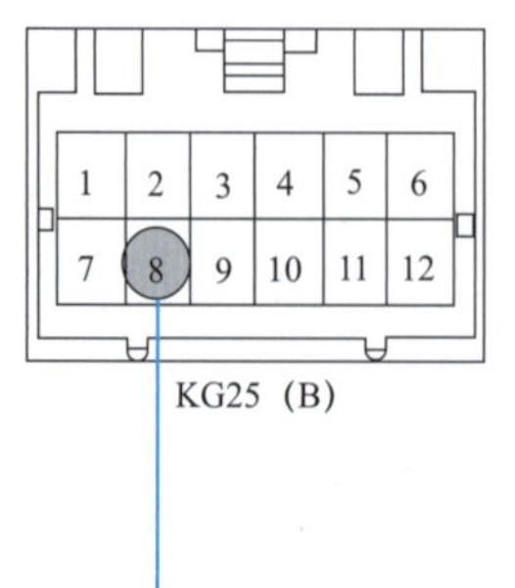

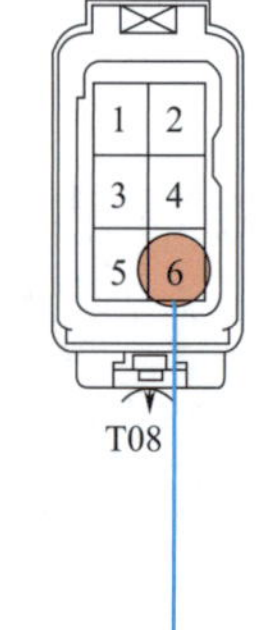

图 1.41　KG25(B)/8 与 T08/6 插头形状与端子位置

（3）测量无钥匙控制模块 KG25(B)/1 至 T08/5 线路阻值，如图 1.42、图 1.43 所示。测得阻值为 0.9 Ω，数值正常，判断此线路无问题。

图 1.42　测量 KG25(B)/1 至 T08/5 线路阻值

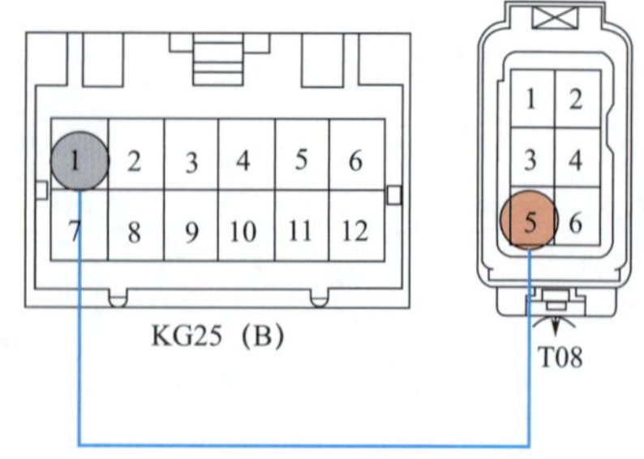

图 1.43　KG25(B)/1 与 T08/5 插头形状与端子位置

（4）根据测量结果及无钥匙进入系统电路图（图 1.44），可判定智能钥匙系统控制器至左前门微动开关线路正常，可以将问题锁定在左前车门把手上。

4. 无钥匙进入功能失效故障排除与维修总结

1）修复故障

（1）拆除左前车门把手（车外探测天线），如图1.45所示。

（2）更换左前车门把手（车外探测天线），如图1.46所示。

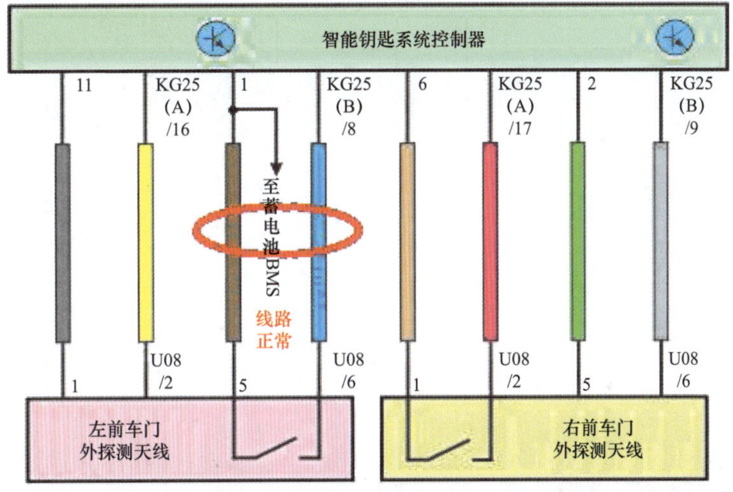

图1.44 无钥匙进入系统电路图

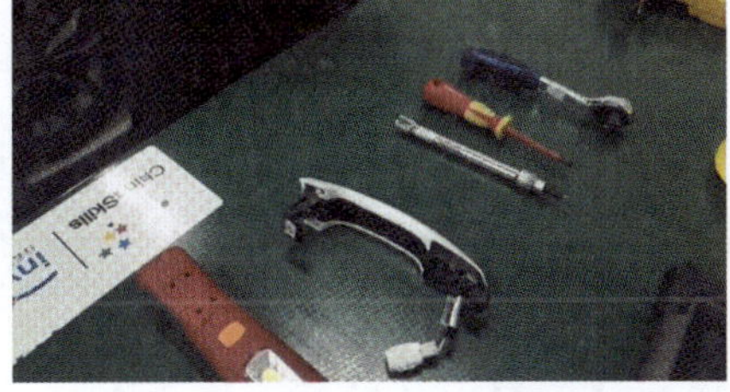

图1.45 拆除左前车门把手

图1.46 更换左前车门把手

（3）安装门饰板，如图1.47所示。

（4）试验无钥匙进入功能是否恢复正常，试验功能正常，再次读取、清除故障码，故障修复完成。

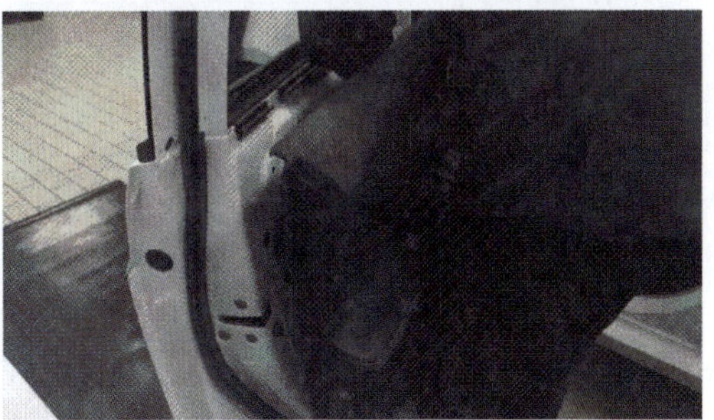

图1.47 安装门饰板

2）维修总结

由于左前门把手内部探测天线的故障，导致车主携带钥匙，在左前门处按微动开关时，智能钥匙控制器无法通过左前探测天线发出低频信号给智能钥匙，因此，智能钥匙控制器无法识别车主携带的钥匙，从而导致车门无法解锁，无钥匙进入功能失效。更换新的左前门把手后，无钥匙进入功能恢复，故障排除。

实训工单

无钥匙进入功能失效故障检修实训工单

<table>
<tr><td>学生姓名</td><td colspan="3"></td><td colspan="2">班级</td><td></td></tr>
<tr><td>车辆信息登记</td><td></td><td>教师评分</td><td></td><td colspan="2">实际用时</td><td></td></tr>
<tr><td>项目</td><td colspan="3">内　容</td><td>配分</td><td>得分</td><td>备注</td></tr>
<tr><td>故障现象描述</td><td colspan="3"></td><td>15</td><td></td><td>包含触发条件、仪表现象、功能现象、诊断仪信息等故障现象</td></tr>
<tr><td>通过分析找出故障可能原因</td><td colspan="3"></td><td>20</td><td></td><td>结合故障现象，分析故障初步原因</td></tr>
<tr><td>维修资料查阅</td><td colspan="3"></td><td>10</td><td></td><td>查阅电路图、维修手册，找出故障相关维修说明</td></tr>
<tr><td>过程数据记录</td><td colspan="3"></td><td>20</td><td></td><td>记录故障诊断的测量条件、测量工具、测量数据及相关判断结论</td></tr>
<tr><td>故障点和故障类型</td><td colspan="3"></td><td>15</td><td></td><td>准确记录故障点及类型</td></tr>
<tr><td>故障机理分析</td><td colspan="3"></td><td>20</td><td></td><td>分析故障形成原因及解决方法</td></tr>
</table>

任务 1.3　无钥匙起动系统故障检修

学习目标

知识目标:

1. 掌握无钥匙起动系统的组成结构和工作原理;
2. 掌握无钥匙起动系统功能失效的可能原因的分析方法;
3. 掌握无钥匙起动系统的相关模块的端子定义，以及端子信号的数值、波形的标准状态。

技能目标:

1. 能够通过电路图、维修手册，找到无钥匙起动系统相关的线束、部件;
2. 能够通过观察车辆仪表状态、故障码、数据流等信息，初步判断无钥匙起动系统故障的可能原因;
3. 能够使用诊断仪，读取与无钥匙起动系统相关的故障码与数据流;
4. 能够使用正确的诊断测量工具，测量无钥匙起动系统相关的模块线束等元器件的工作数值、波形;
5. 能够结合车辆故障现象、故障码、数据流及相关测量数据，找到并修复无钥匙起动系统故障的故障点。

素质目标:

1. 在无钥匙起动功能失效故障检修过程中，培养学生互相学习、彼此合作、共同探索新鲜事物的能力;
2. 通过无钥匙起动功能失效故障检修，提高自己对 5S 管理的理解与实践能力。

任务描述

京浩购买了一辆二手比亚迪秦 EV，使用了一段时间后，发现车辆无法正常起动。作为一名新能源汽车维修工，你如何来解决这一问题呢?

任务梳理

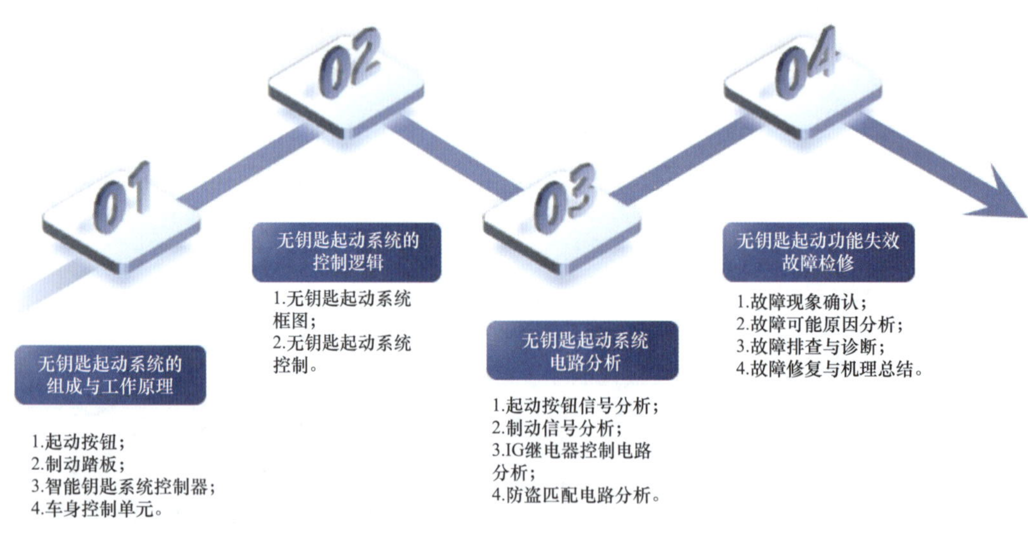

相关知识

1.3.1 无钥匙起动系统的组成与工作原理

<<< 1. 无钥匙起动系统的组成及部件位置

图 1.48 比亚迪秦 EV 起动按钮

1）起动按钮

汽车起动按钮（图 1.48）的作用是实现汽车一键起动和熄火功能。汽车无钥匙起动系统是智能汽车的一部分，可以代替传统的汽车钥匙。同时，起动按钮还包含 4 个档位，分别是：START 起动档，全车高压上电；ON 接通档，全车低压电路接通，系统会为高压上电做必要的准备工作和自检工作；ACC 附件通电档，附件用电路会接通，收音机等设备可用，ACC 状态时接通汽车部分电器设备的电源；OFF（LOCK）锁止档，车辆下电，对于有转向轴锁的车辆，方向盘将被锁止。

2）制动踏板

制动踏板负责通过制动开关（图 1.49）采集驾驶员踩下制动踏板（图 1.50）时发出的制动信号，并将制动信号传递给相关控制单元，如车身控制模块 BCM、整车控制器 VCU，同时将制动信号发送车身控制模块 BCM，车身控制模块 BCM 点亮制动灯。

图 1.49　制动开关

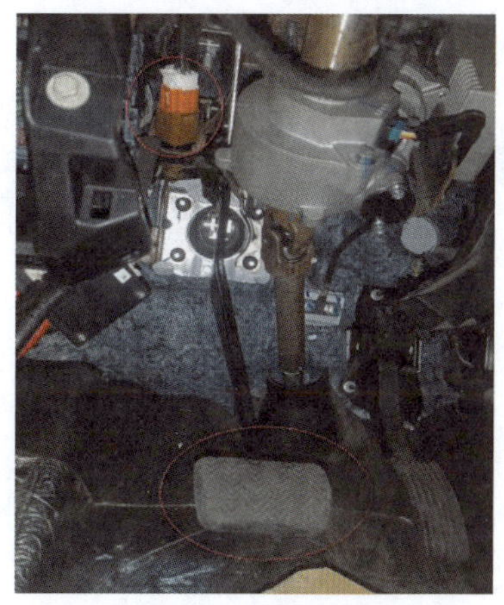

图 1.50　制动踏板

3）智能钥匙系统控制器

踩下制动踏板后，智能钥匙系统控制器（图 1.51）通过车内探测天线，持续发出 125 kHz 的低频检测信号，检测钥匙是否在车内。发现车内有合法钥匙之后，将此信息通过 CAN 总线发送给车身控制模块 BCM。

4）车身控制模块 BCM

车身控制模块 BCM（图 1.52）是高集成度的芯片，其英文全称是 body control module，功能是实现车门车窗遥控上锁与开锁，以及电动后视镜、中控门锁、玻璃升降装置、车灯(远光灯、近光灯、位置灯、制动灯、转向灯、雾灯和车内照明等)、车窗加热化霜装置、仪表背光的调节和电源分配。

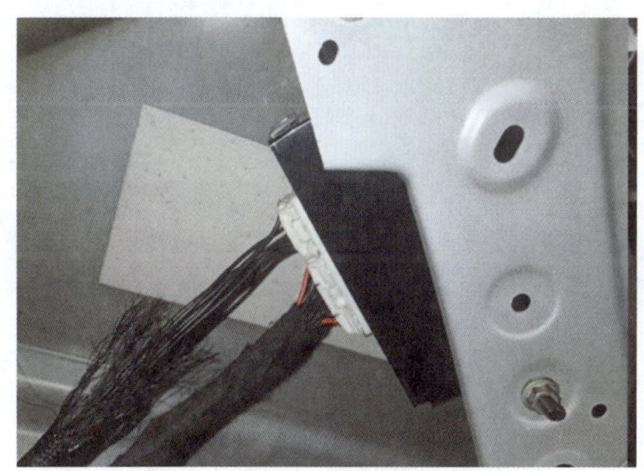

图 1.51　智能钥匙系统控制器

图 1.52　车身控制模块 BCM

<<< 2. 无钥匙起动系统的控制逻辑

无钥匙起动系统框图如图 1.53 所示。

从图 1.53 可以看出，驾驶员踩下制动踏板后，制动信号通过制动开关传到 BCM，BCM 收到制动信号后，通过起动子网告知智能钥匙系统控制器，开始寻找车内合法钥匙：制动开关—BCM—Keyless ECU—车内探测天线—智能钥匙。正常情况下，智能钥匙系统控制器通过车内探测天线寻找钥匙；当钥匙电池电量不足时，可将钥匙放置在起动按钮处的读卡器上，直接将钥匙信息传到智能钥匙系统控制器。智能钥匙系统控制器将车内钥匙的合法信息，通过起动子网反馈给 BCM。同时，BCM 接收到驾驶员通过按下起动按钮发出的起动信号之后，控制继电器 IG1、IG3、IG4 继电器吸合，车辆低压上电。再通过 CAN 总线与 VCU 进行防盗匹配，成功之后，VCU 给整车相关控制单元发送高压上电指令，车辆高压上电后，起动成功。

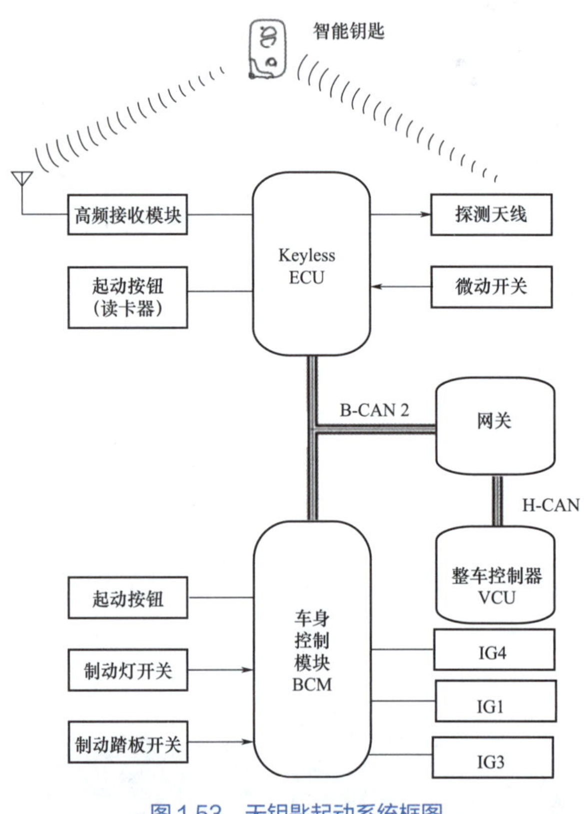

图 1.53　无钥匙起动系统框图

1.3.2　无钥匙起动系统电路分析

<<< 1. 起动按钮信号分析

如图 1.54 所示，BCM 通过 G2I/21、G2I/22 号端子发出+B 电压，按下起动按钮之后，起动按钮内触点闭合，G2I/21、G2I/22 号端子分别与 G16/6、G16/8 号端子（接地）连通，G2I/21、G2I/22 号端子的+B 电压被拉低，BCM 通过分析 G2I/21、G2I/22 号端子的电压变化，识别起动按钮的状态。同时，BCM 通过 G2K/19 号端子发出+B 电压至 G16/3 号端子，点亮起动按钮背光灯。

<<< 2. 制动信号分析

制动信号分为两路，一路是 12 V 制动信号，另一路是 0 V 制动信号。12 V 制动信号是由蓄电池发出+B 电压，经过 F2/4 号保险，G28/4 端子进入制动开关 1（踩下制动踏板，

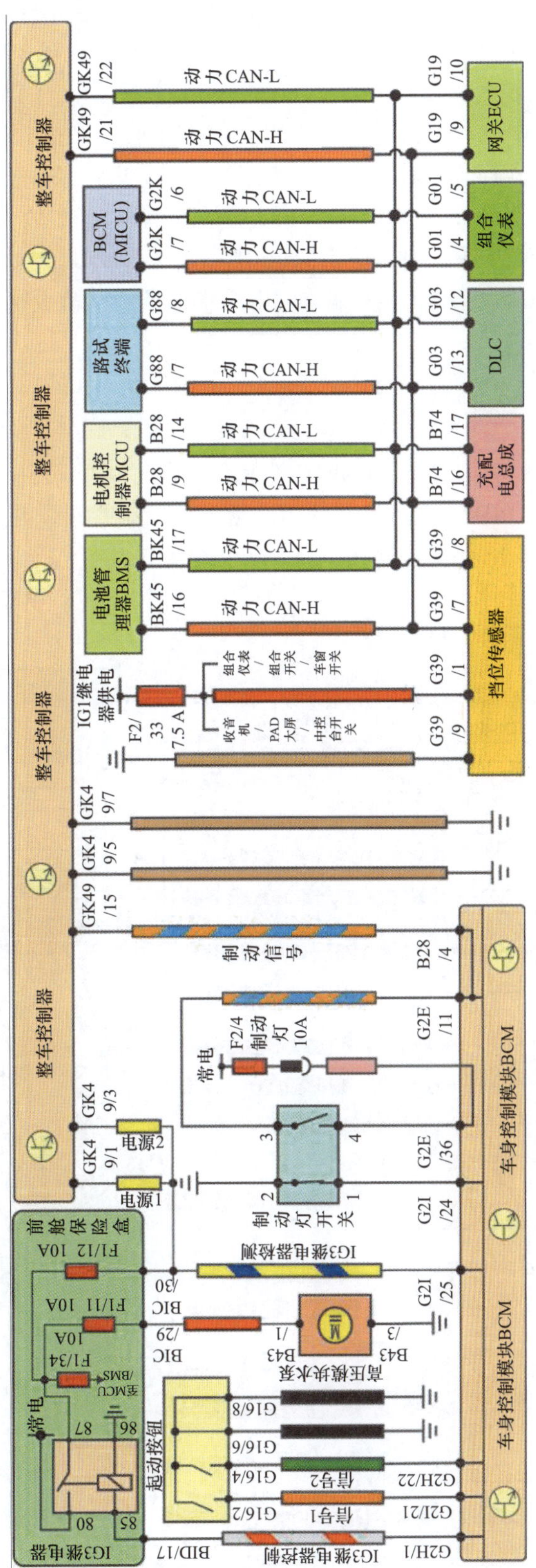

图 1.54　无钥匙起动系统电路

开关闭合。释放制动踏板，开关断开），再通过 G28/3 至 G2E/11 线路进入 BCM。踩下制动踏板后，制动开关 1 闭合，BCM 的 G2E/11 端子电压 12 V。释放制动踏板，制动开关 1 断开，BCM 的 G2E/11 端子电压为 0 V。

0 V 制动信号，BCM 经 G2I/24 号端子发出+B 电压，通过 G28/1 端子进入制动开关 2（踩下制动踏板，开关断开。释放制动踏板，开关闭合），经 G28/2 端子至接地点 Eg01–1。踩下制动踏板后，制动开关 2 断开，BCM 的 G2I/24 号端子电压为 12 V。释放制动踏板，制动开关 2 闭合，BCM 的 G2E/11 端子电压被拉低至 0 V。

BCM 通过分析 G2I/24、G2E/11 号端子的电压来识别制动踏板状态。

<<< 3. IG 继电器控制电路分析

1）IG3 继电器

IG3 继电器安装在前舱配电盒，由 BCM 控制其吸合与断开，其电路如图 1.55 所示。BCM 控制信号通过 G2H/1 至 BID/17 线路，进入 IG3 继电器控制线圈，再到内部常接地。当 BCM 的 G2H/1 号端子发出+B 电压（高电位）时，继电器线圈得电充磁，继电器吸合，IG3 电接通，电机控制器、电池管理系统、整车控制器等部件开始工作。当 BCM 的 G2H/1 号端子电压为低电位时，继电器断开，IG3 电断开。

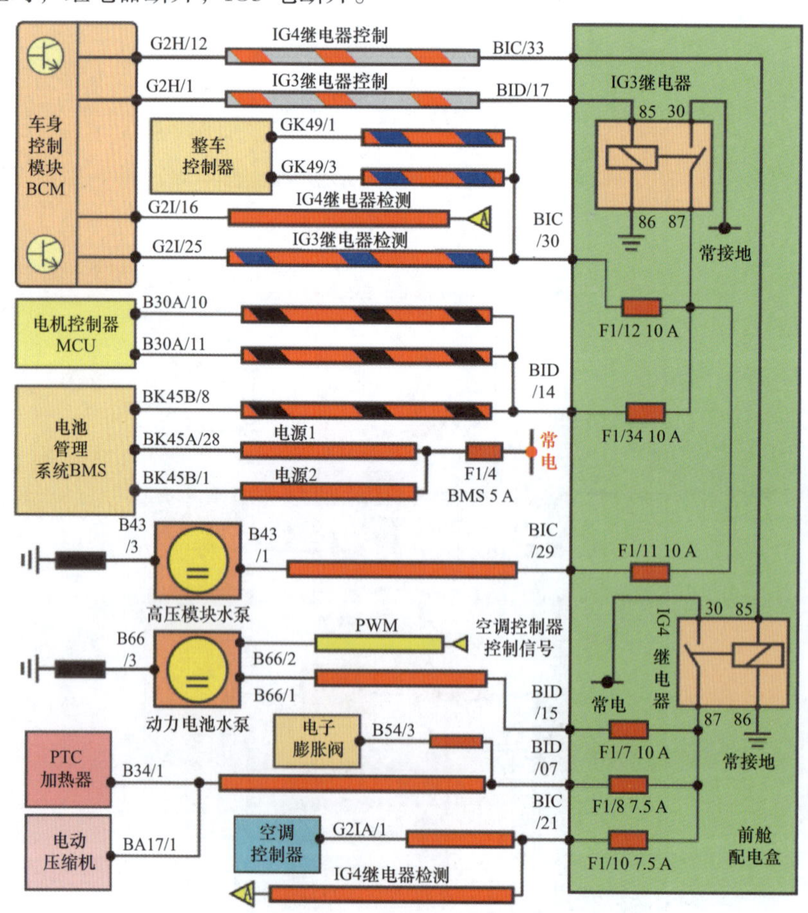

图 1.55　IG 继电器控制电路图

2）IG4 继电器

IG4 继电器安装在前舱配电盒（图 1.55），由 BCM 控制其吸合与断开。BCM 控制信号通过 G2H/12 至 BIC/33 线路，进入 IG4 继电器控制线圈，再到内部常接地。当 BCM 的 G2H/12 号端子发出+B 电压（高电位）时，继电器线圈得电充磁，继电器吸合，IG4 电接通。当 BCM 的 G2H/12 号端子电压为低电位时，继电器断开，IG4 电断开。

3）IG1 继电器

IG1 继电器安装在仪表板配电盒，由 BCM 通过配电盒内部线路控制其吸合与断开，IG1 继电器吸合，组合仪表点亮。

IG 继电器吸合时，整车低压上电，为高压上电做准备。

<<< 4. 防盗匹配电路分析

BCM 通过动力网线路，即 G2K/6 至 G19/9 线路（动力 CAN-L）与 G2K/7 与 G19/10 线路（动力 CAN-H）与 VCU 进行通信，进行防盗匹配。

无钥匙起动功能失效故障检修

任务实施步骤：

<<< 1. 无钥匙起动功能失效故障现象确认

驾驶员携带本车钥匙，进入车辆，踩下制动踏板，按起动按钮，车辆无法正常起动，仪表提示（图 1.56）："起动时，踩下制动踏板，同时按下起动按钮（图中"启动按钮"），待 OK 灯点亮后可挂档（图中"挂挡"）行驶。"同时，踩下制动踏板，发现整车制动灯不亮。

图 1.56　组合仪表故障现象

需要时可沿此线裁成活页

<<< 2. 无钥匙起动功能失效故障分析

从故障现象分析知，仪表提示“踩下制动踏板，同时按下起动按钮”，说明车辆接收到了起动按钮信号，但是未接收到制动信号。由于此时制动灯也不点亮，说明踩下制动踏板后，未产生相应的制动信号。同时，仪表能正常提示，说明 BCM 至仪表的通信没有问题。结合以上故障现象及分析，可初步确定故障原因（图 1.57）可能为：① 制动开关 1 本身故障；② 制动开关信号 1 相关线路故障；③ BCM 内部故障；④ 制动灯故障。

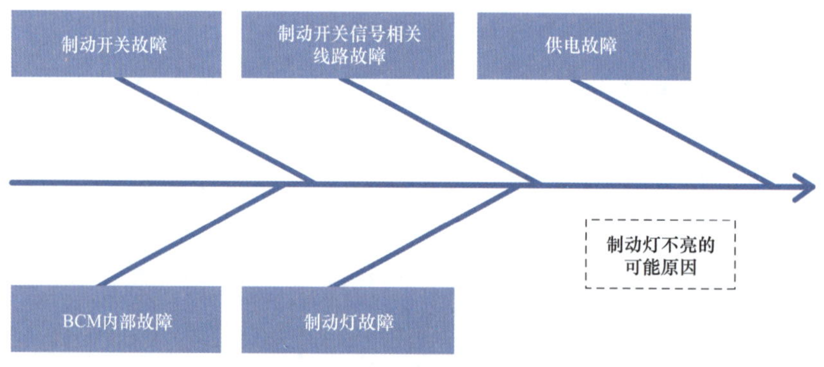

图 1.57　故障可能原因分析

<<< 3. 无钥匙起动功能失效故障诊断步骤解析

1）连接诊断仪读取故障码、数据流

用智能钥匙解锁车辆，进入车辆，连接诊断接头，通过诊断仪，读取车辆故障码、数据流，如图 1.58 所示。起动按钮数据流如图 1.59 所示。可以看出，起动按钮数据流正常，说明起动按钮工作正常。车辆报故障码：B1C1507，说明制动开关故障。

图 1.58　读取故障码、数据流

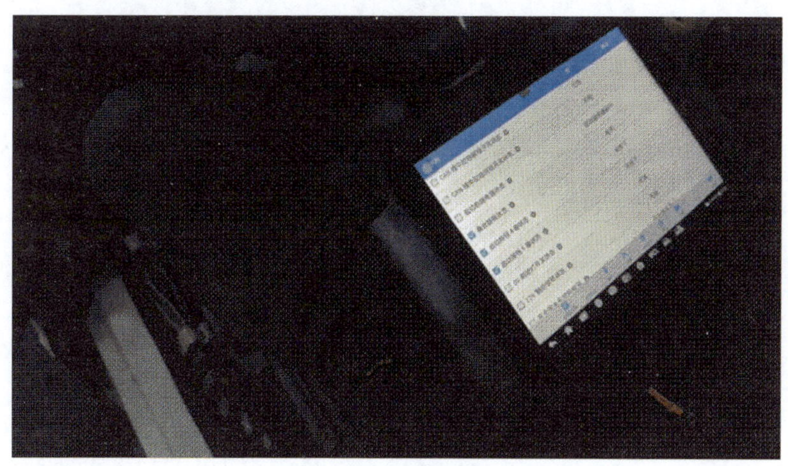

图 1.59　起动按钮数据流

2）故障可能原因分析

结合诊断仪读取的故障码与数据流，可进一步确定故障可能原因为：制动灯保险、制动信号线路、制动信号开关至车身控制模块之间的线路故障，以及车身控制模块内部故障。

3）故障诊断及测量

需要通过测量制动保险 F2/4（图 1.60）上下端电压来识别故障。

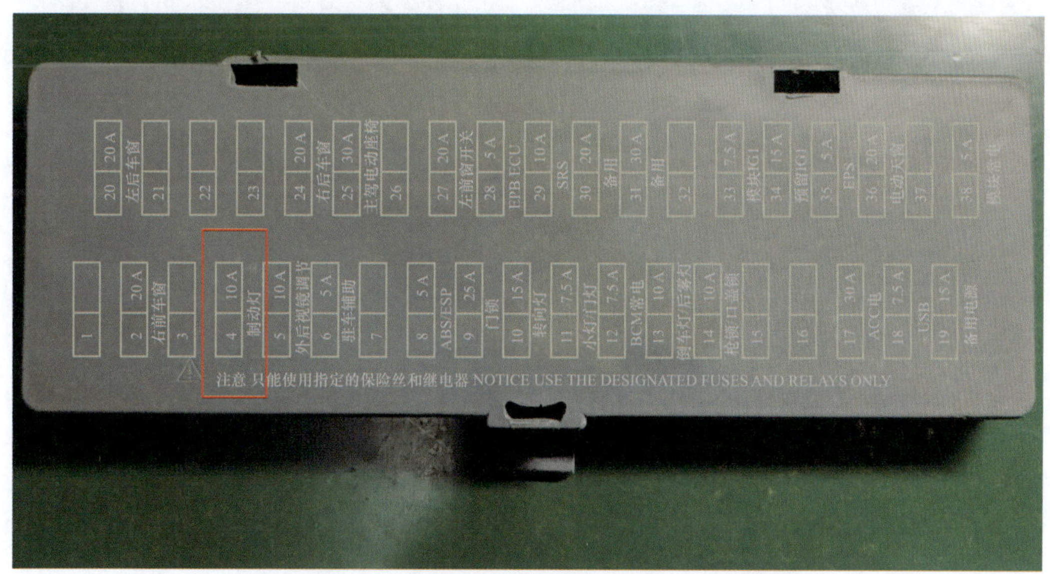

图 1.60　F2/4 号保险的位置

（1）测量制动保险 F2/4 上端电压（图 1.61），测量数值为 14.62 V，正常。

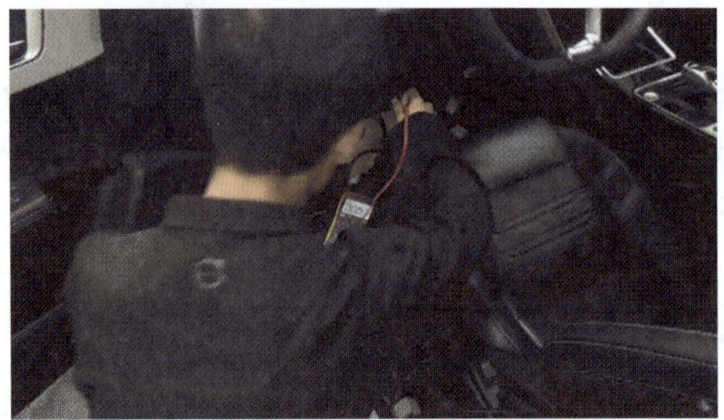

图 1.61　测量制动保险 F2/4 上端电压

（2）测量制动保险 F2/4 下端电压（图 1.62），测量数值为 0.012 V，异常。F2/4 号保险上端电压正常，下端电压异常低，说明 F2/4 保险有问题，所以下一步测量 F2/4 号保险。

（3）拔下 F2/4 号保险，测量 F2/4 号保险两端的电阻（图 1.63），测量数值为无穷大，说明保险熔断，有故障。

图 1.62　测量制动 F2/4 号保险下端电压

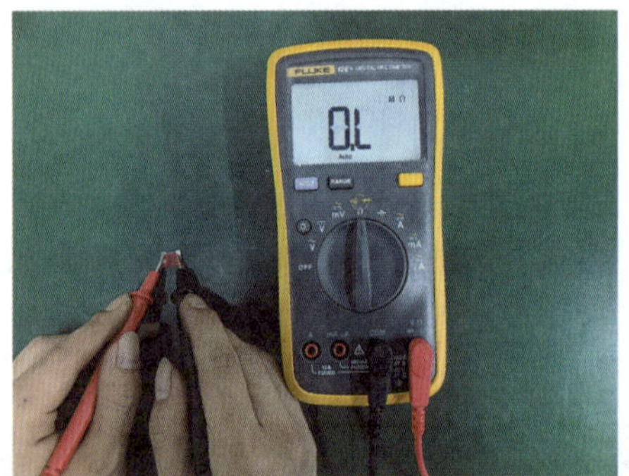

图 1.63　测量 F2/4 号保险两端的电阻

<<< 4. 无钥匙起动功能失效故障排除与维修总结

1）修复故障

更换 F2/4 号保险，如图 1.64 所示。

图 1.64　更换 F2/4 号保险

2）维修总结

由于 F2/4 号保险断路，导致制动开关供电异常，BCM 无法收到正常的制动信号，所以在踩下制动踏板、按下一键起动开关后，系统无法对钥匙进行验证，导致车辆低压无法上电，仪表提示：“起动时，踩下制动踏板，同时按下起动按钮，待 OK 灯点亮后可挂档行驶。”更换新的保险后，无钥匙起动功能恢复，故障排除。

实训工单

无钥匙起动功能失效故障检修实训工单

<table>
<tr><td>学生姓名</td><td colspan="3"></td><td colspan="2">班级</td><td></td></tr>
<tr><td>车辆信息登记</td><td></td><td>教师评分</td><td></td><td colspan="2">实际用时</td><td></td></tr>
<tr><td>项目</td><td colspan="3">内　容</td><td>配分</td><td>得分</td><td>备注</td></tr>
<tr><td>故障现象描述</td><td colspan="3"></td><td>15</td><td></td><td>包含触发条件、仪表现象、功能现象、诊断仪信息等故障现象</td></tr>
<tr><td>通过分析找出故障可能原因</td><td colspan="3"></td><td>20</td><td></td><td>结合故障现象，分析故障初步原因</td></tr>
<tr><td>维修资料查阅</td><td colspan="3"></td><td>10</td><td></td><td>查阅电路图、维修手册，找出故障相关维修说明</td></tr>
<tr><td>过程数据记录</td><td colspan="3"></td><td>20</td><td></td><td>记录故障诊断的测量条件、测量工具、测量数据及相关判断结论</td></tr>
<tr><td>故障点和故障类型</td><td colspan="3"></td><td>15</td><td></td><td>准确记录故障点及类型</td></tr>
<tr><td>故障机理分析</td><td colspan="3"></td><td>20</td><td></td><td>分析故障形成原因及解决方法</td></tr>
</table>

任务 1.4 新能源汽车灯光系统故障检修

学习目标

知识目标：

1. 掌握灯光系统电路图查询与识读方法；
2. 掌握灯光系统相关部件的测量方法及部件好坏的判定方法；
3. 掌握灯光系统故障分析方法。

技能目标：

1. 能够通过电路图、维修手册，找到灯光系统相关线束、部件；
2. 能够通过观察车辆仪表状态、故障码、数据流等信息，初步判断灯光系统故障的可能原因；
3. 能够使用诊断仪，读取灯光系统相关故障码与数据流；
4. 能够使用正确的诊断测量工具，测量灯光系统相关模块线束等元器件的工作数值、波形；
5. 能够结合车辆故障现象、故障码、数据流及相关测量数据，找到并修复灯光系统故障的故障点。

素质目标：

1. 在灯光系统故障检修过程中，培养学生互相学习、彼此合作、共同探索新鲜事物的能力；
2. 通过灯光系统故障检修，提高自己对 5S 管理的理解与实践能力。

任务描述

京浩购买了一辆二手比亚迪秦 EV，使用了一段时间后，发现车辆近光灯无法点亮。作为一名新能源汽车维修工，你如何来解决这一问题呢？

任务梳理

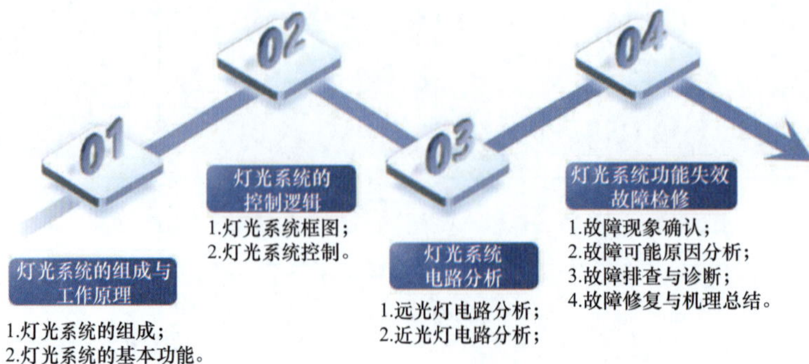

1.4.1　灯光系统的组成与工作原理

<<< 1. 灯光系统的组成及部件位置

灯光系统分前部灯光系统和后部灯光系统，各系统的组成如图 1.65、图 1.66 所示。

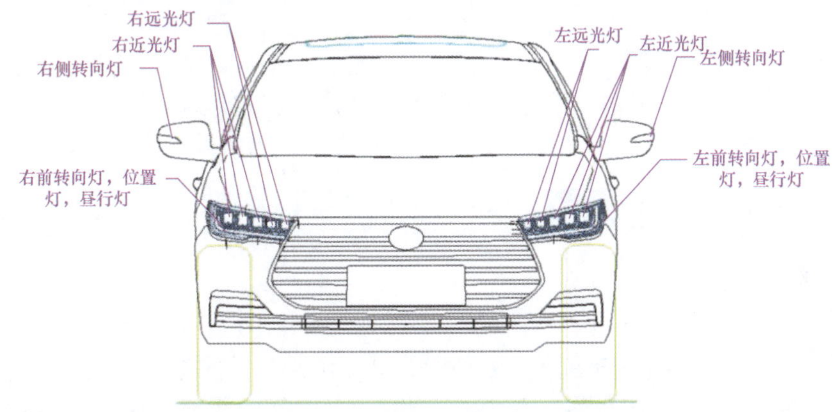

图 1.65　车辆前部灯光系统的组成

照明系统为汽车夜间行驶提供照明，车外照明灯具主要有前照灯、倒车灯、牌照灯、雾灯等，车内照明灯具主要有室内灯、门灯、各开关背光灯等。各种灯具装在各自所需照明的位置，并配以各自的控制开关、线路及熔断器等，组成照明系统。照明系统同时带有信号提示功能，产生光信号，向其他车辆的司机和行人发出警告，以引起注意，确保车辆行驶的安全，光信号包括转向信号、制动信号、危险警告信号及示廓信号、倒车信号等。

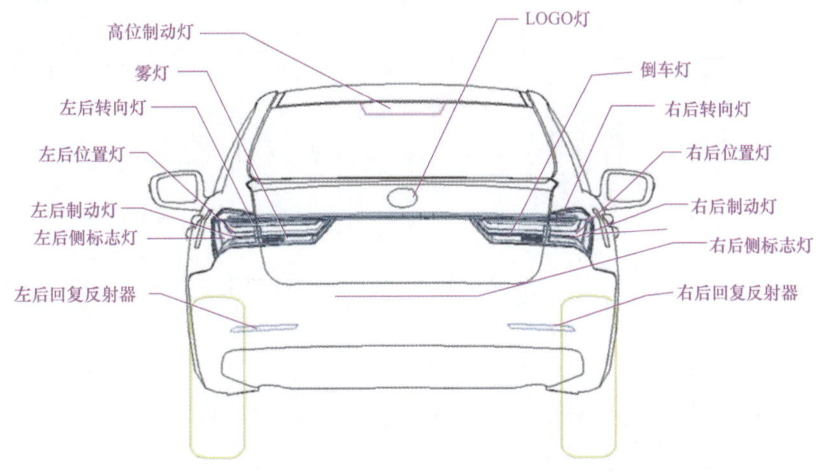

图 1.66　车辆后部灯光系统的组成

比亚迪秦 EV 除了具有传统灯光照明功能外，还配有自动灯光及大灯延时退电功能，使灯光的使用更便利、更人性化。

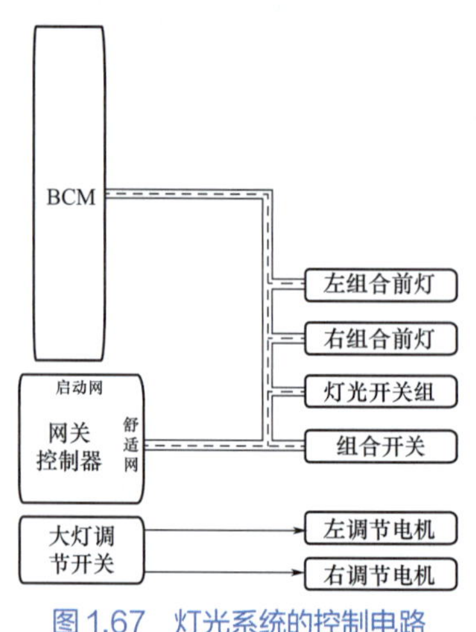

图 1.67　灯光系统的控制电路

自动灯光：将灯光开关组调到 AUTO 档，BCM 会根据光照强度传感器采集的外界光照强度进行判定，自动控制灯光的开启和关闭，并根据光强不同开启小灯或大灯。

大灯延时退电：当大灯打开，车辆电源从 ON 档退电到 OFF 档时，大灯不会立即熄灭，而且灯光开关组自动计时，让大灯再亮 10 s 后才断开灯光继电器，熄灭大灯。

<<< 2. 灯光系统的控制逻辑

灯光系统的控制电路如图 1.67 所示。

当组合开关旋钮旋至近光灯、远光灯、雾灯等位置时，组合开关模块将相应的灯光开启信号通过 CAN 总线传输给 BCM，BCM 再发出控制信号，控制相应的灯光开启。

1.4.2　远光灯系统电路分析

<<< 1. 远光灯电路分析

驾驶员将组合开关旋钮旋至远光灯档位时，组合开关通过舒适网，G02/1 至 G2K/5 线路（CAN–H）与 G02/2 至 G2K/4 线路（CAN–L），将远光灯开启信号传递给 BCM。BCM 收到远光灯开启信号后，经 G2I/7 号端子产生低电位，远光灯继电器 K1–6 线圈得电，继电器 K1–6 吸合，低压蓄电池常电分别通过 F1/32、F1/33 号保险给左右远光灯供电，远光灯点亮。远光灯控制电路如图 1.68 所示。

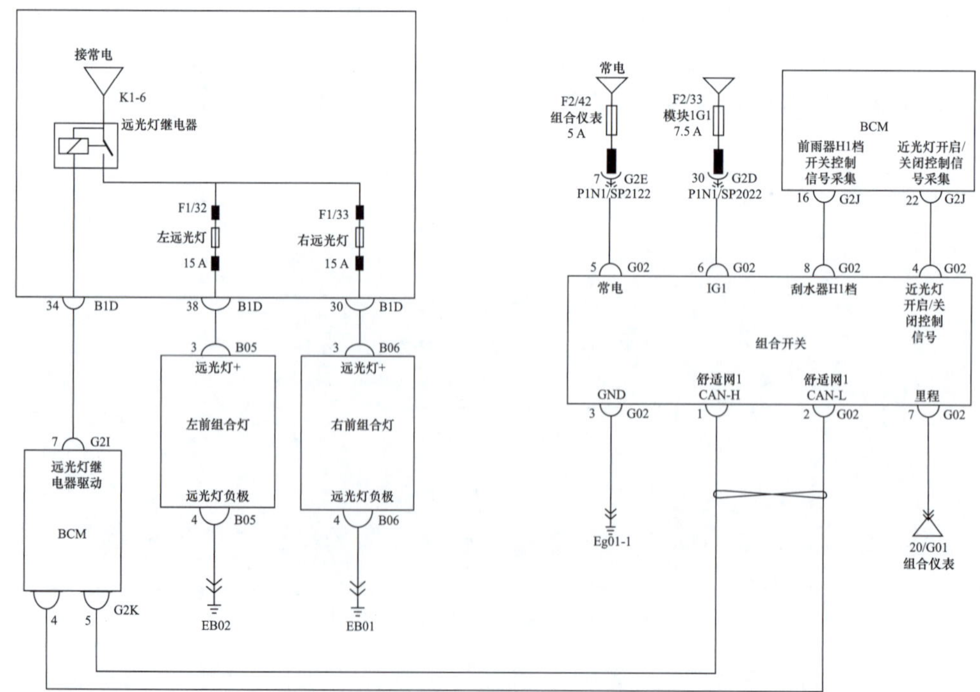

图 1.68　远光灯控制电路

<<< 2. 近光灯电路分析

驾驶员将组合开关旋钮旋至近光灯档位，组合开关通过 G02/4 号端子至 G2J/22 号端子线路给 BCM 传输近光灯开启信号。BCM 收到近光灯开启信号后，经 G2I/1 号端子产生低电位，近光灯继电器 K1–1 线圈得电，继电器 K1–1 吸合，低压蓄电池常电分别通过 F1/1、F1/2 号保险给左右近光灯供电，近光灯点亮。近光灯控制电路如图 1.69 所示。

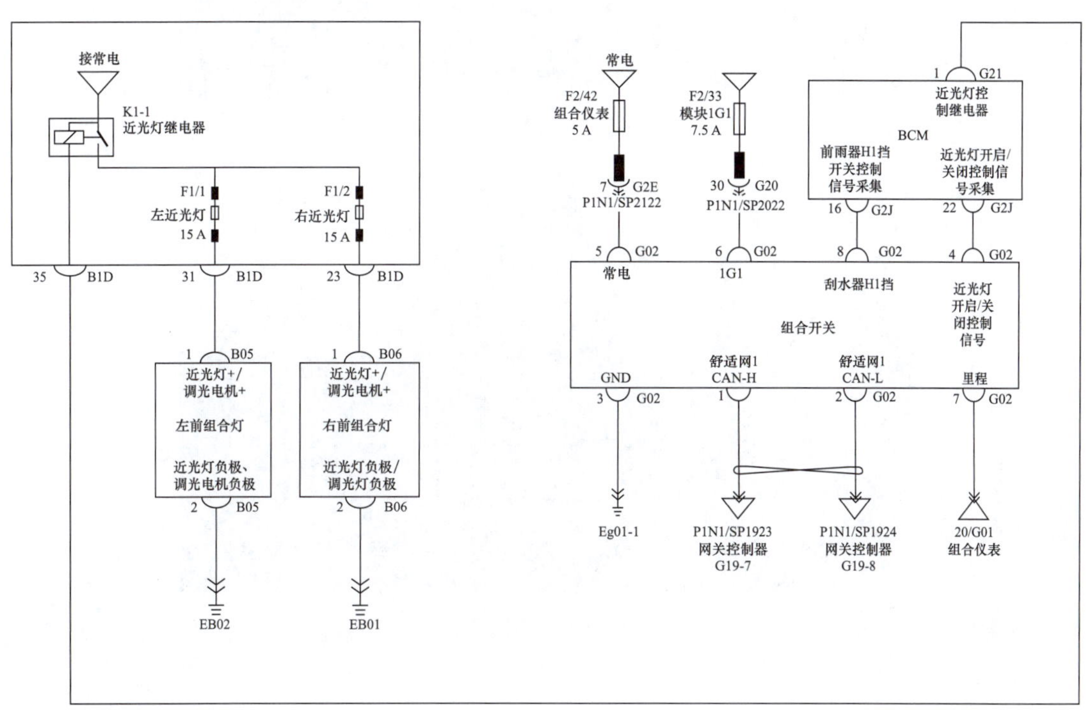

图 1.69　近光灯控制电路

实训任务

灯光系统功能失效故障检修

任务实施步骤：

<<< 1. 灯光故障现象确认

驾驶员携带本车钥匙，进入车辆，起动车辆。检查示宽灯工作状态（图 1.70）；通过组合开关旋钮打开近光灯，左前近光灯不亮（图 1.71）。

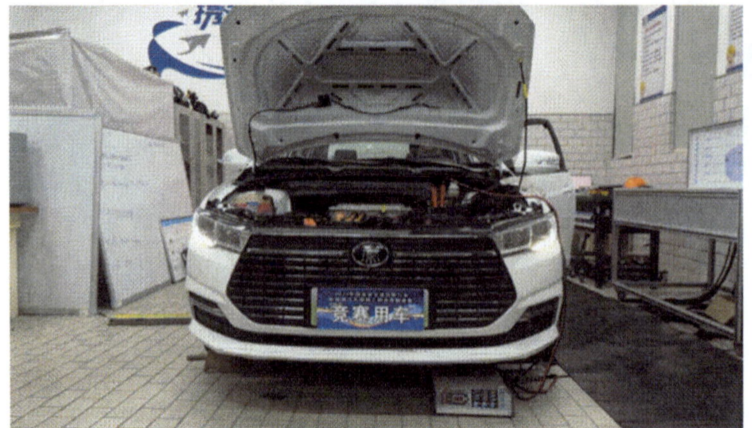

图 1.70　示宽灯工作状态正常

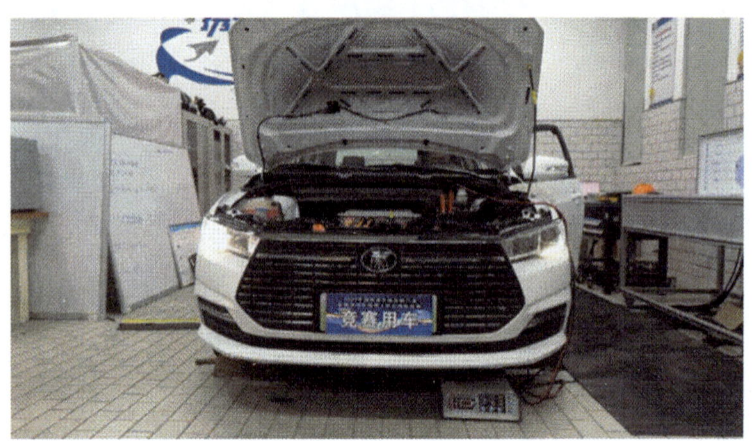

图 1.71　左前近光灯不亮

2. 灯光故障分析

结合近光灯电路分析发现，近光灯不亮的可能原因（图 1.72）如下：① 组合开关故障；② BCM 局部故障；③ 近光灯继电器故障；④ 近光灯故障；⑤ 线路故障；⑥ 近光灯供电保险故障。

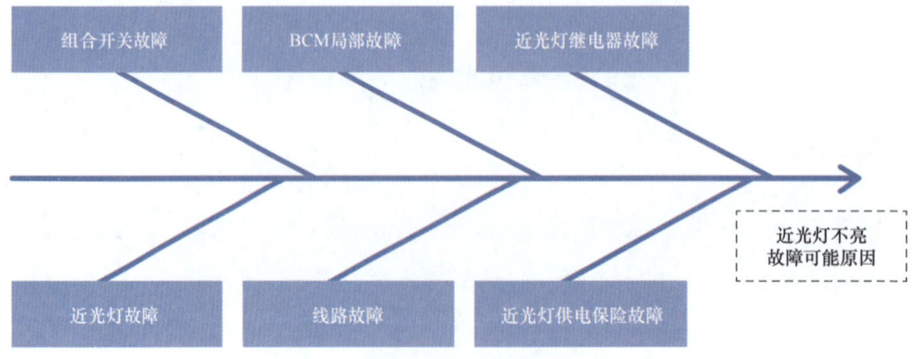

图 1.72　故障可能原因分析

通过故障现象确认发现，驾驶员打开近光灯，右侧近光灯正常点亮，左侧近光灯不亮，说明车辆接收到了组合开关给出的近光灯开启信号，组合开关本身以及组合开关至 BCM 的线路没有问题。同时，还说明近光继电器能够正常吸合。因此，故障范围可缩小至：① 左侧近光灯故障；② F1/1 保险故障；③ 左侧近光灯线路故障；④ EB02 搭铁点故障。

<<< 3. 灯光故障诊断步骤解析

1）连接诊断仪进行动作测试

进入车辆，连接诊断仪，进入 BCM 模块动作测试界面，使用动作测试功能点亮近光灯，此时仍然是左侧近光灯不亮，右侧近光灯正常点亮，进一步说明：BCM 通信正常，且可以正常控制近光灯继电器吸合。

2）故障诊断及测量

（1）断开蓄电池负极，拆下左前组合灯光后护板（图 1.73）；拆下左前近光灯，目视检查左前近光灯灯丝状态（图 1.74），无故障。

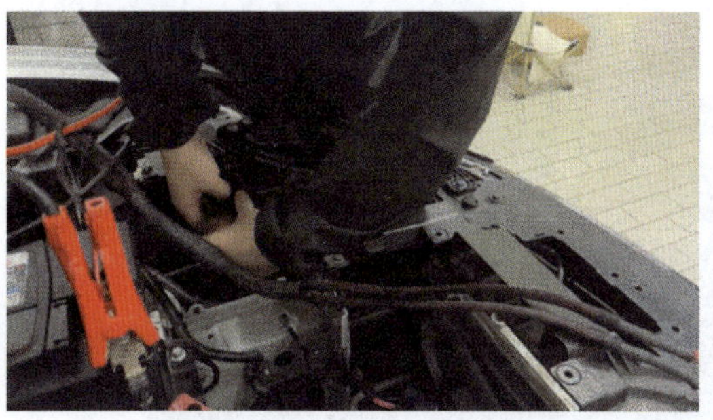

图 1.73　拆下组合灯光后护板

图 1.74　目视检查左前近光灯灯丝状态

（2）连接蓄电池负极，起动车辆，将组合开关旋钮旋至近光灯开启档位，测量近光灯灯座供电端子电压（图 1.75），电压为 0.011 V，正常值应为+B 电压（13 V 左右），说明电压异常。

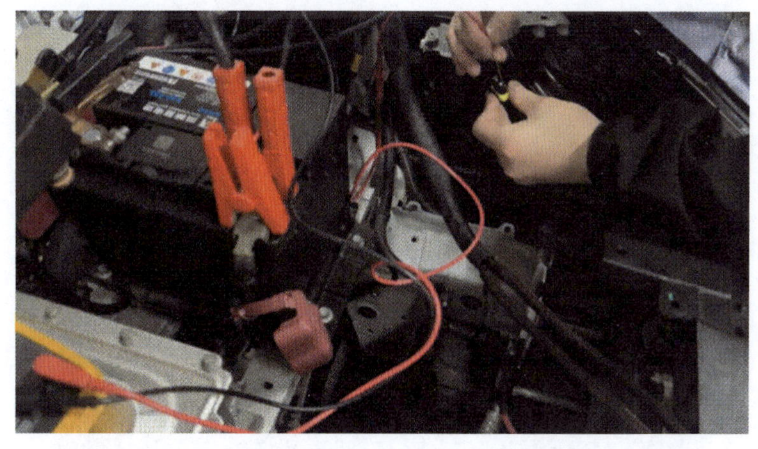

图 1.75　测量近光灯灯座供电端子电压

（3）连接蓄电池负极，起动车辆，将组合开关旋钮旋至近光灯开启档位，测量近光灯灯座搭铁端子电压（图 1.76），电压为 0.012 V，正常，说明近光灯灯座搭铁端子至搭铁点线路正常。

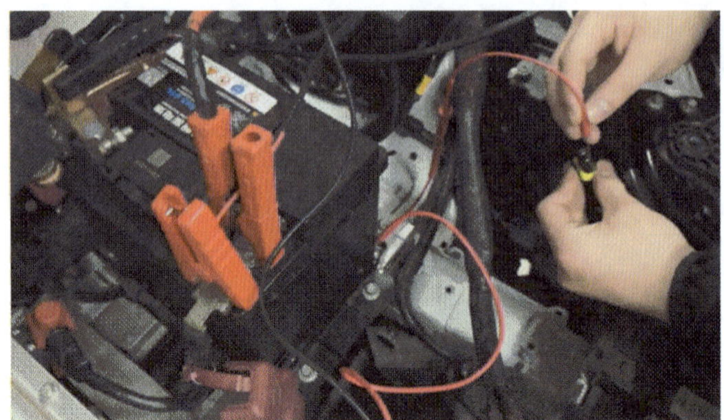

图 1.76　测量近光灯灯座搭铁端子电压

（4）连接蓄电池负极，起动车辆，将组合开关旋钮旋至近光灯开启档位，测量左前近光灯保险 F1/1 上端电压（图 1.77）；测量数值为 13.87 V，正常。

图 1.77　测量左前近光灯保险 F1/1 上端电压

（4）测量左前近光灯保险 F1/1 下端电压（图 1.78）；测量数值为 0.006 V，异常。接下来，拔下近光灯保险 F1/1（图 1.79），对其进行检查。

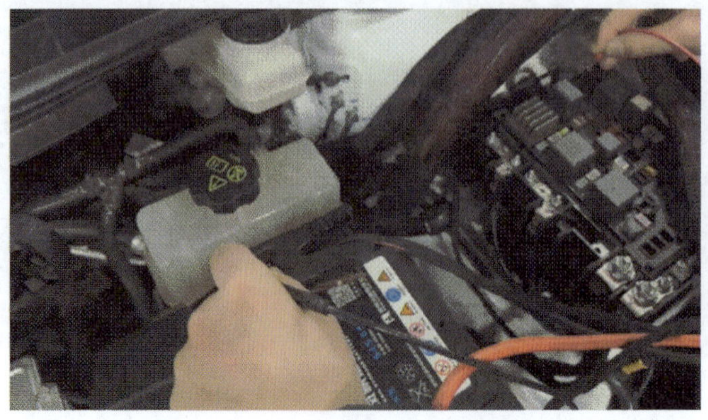

图 1.78　测量左前近光灯保险 F1/1 下端电压

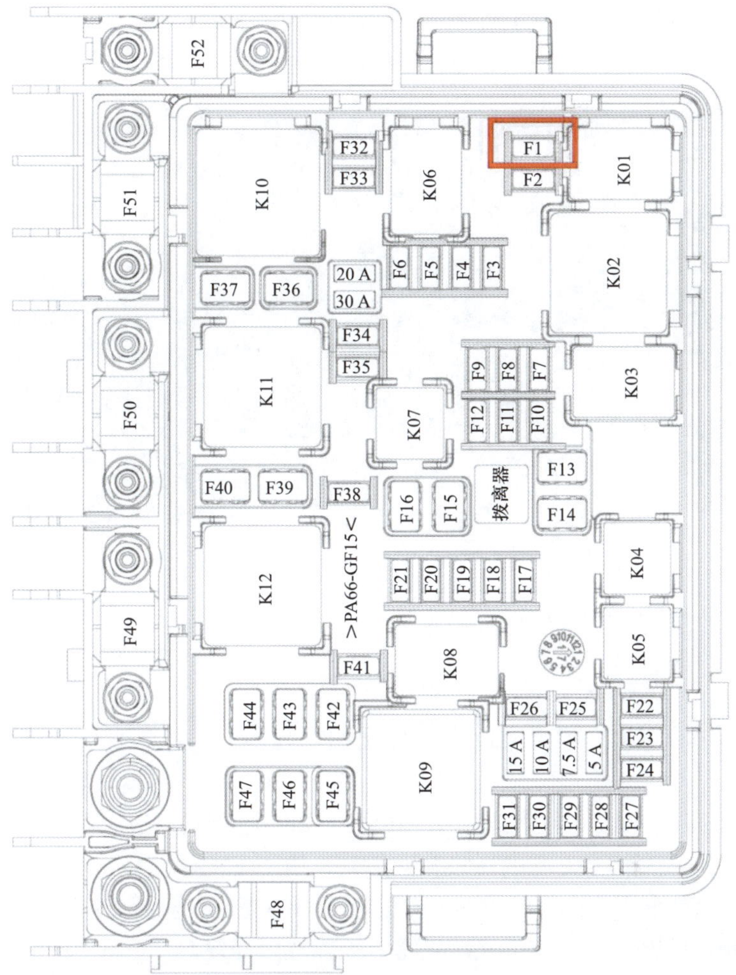

图 1.79 左前近光灯保险 F1/1 的安装位置

（5）关闭近光灯，通过起动按钮将车辆置于 OFF 档，断开蓄电池负极，拔下左前近光灯保险 F1/1（图 1.80），对其进行检查，测量发现该保险两端电阻无穷大，异常。下一步，检查保险下游线路并更换保险。

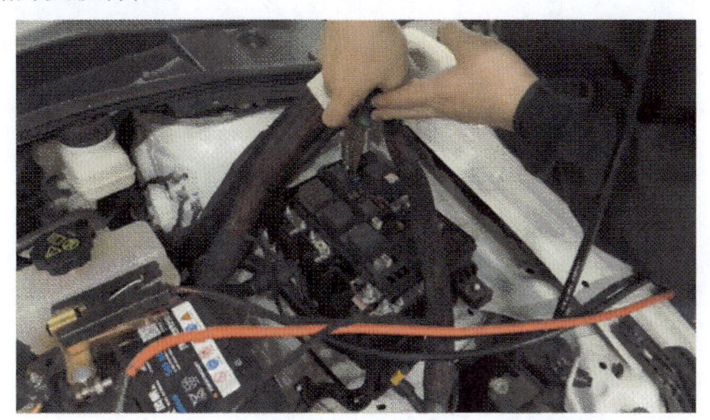

图 1.80 拔下左前近光灯保险 F1/1，对其进行检查

（6）断开蓄电池负极。如图 1.81 所示，测量左前近光灯保险 F1/1 输出端对地电阻，阻值为 0.9 Ω，说明 F1/1 输出端至 B05/1 端子线路对地短路。

图 1.81　测量左前近光灯保险 F1/1 输出端对地电阻

4. 灯光系统故障排除与维修总结

1）修复故障

更换保险 F1/1，更换或维修保险 F1/1 输出端至 B05/1 号端子之间的线路。

2）维修总结

由于 F1/1 号保险下游线路对地短路，导致打开近光灯时，F1/1 号保险电流过载，保险熔断。此时，BCM 控制 K1-1 继电器吸合，但是，由于 F1/1 号保险熔断，左前近光灯无法获得供电电压，导致车辆近光灯开启时，左前近光灯不亮，右前近光灯正常点亮。更换新的 F1/1 号保险及相关线路后，左前近光灯正常点亮，故障修复。

灯光系统功能失效故障检修实训工单

<table>
<tr><td>学生姓名</td><td colspan="3"></td><td colspan="2">班级</td><td></td></tr>
<tr><td>车辆信息登记</td><td></td><td>教师评分</td><td></td><td colspan="2">实际用时</td><td></td></tr>
<tr><td>项目</td><td colspan="3">内　　容</td><td>配分</td><td>得分</td><td>备注</td></tr>
<tr><td>故障现象描述</td><td colspan="3"></td><td>15</td><td></td><td>包含触发条件、仪表现象、功能现象、诊断仪信息等故障现象</td></tr>
<tr><td>通过分析找出故障可能原因</td><td colspan="3"></td><td>20</td><td></td><td>结合故障现象，分析故障初步原因</td></tr>
<tr><td>维修资料查阅</td><td colspan="3"></td><td>10</td><td></td><td>查阅电路图、维修手册，找出故障相关维修说明</td></tr>
<tr><td>过程数据记录</td><td colspan="3"></td><td>20</td><td></td><td>记录故障诊断的测量条件、测量工具、测量数据及相关判断结论</td></tr>
<tr><td>故障点和故障类型</td><td colspan="3"></td><td>15</td><td></td><td>准确记录故障点及类型</td></tr>
<tr><td>故障机理分析</td><td colspan="3"></td><td>20</td><td></td><td>分析故障形成原因及解决方法</td></tr>
</table>

项目 2
新能源汽车高压供电异常故障检修

项目导学

新能源汽车高压系统包括动力电池系统、驱动电机系统、车载充电机、空调压缩机等。由于其具有独特的高压系统结构，所以新能源汽车在使用过程中可能会出现高压系统异常问题，如高压绝缘故障、电池管理系统故障和高压供电异常等，不仅会影响车辆的性能，还可能危及驾驶者和乘客的安全。因此，本项目旨在检修新能源汽车高压供电系统故障，确保车辆运行安全可靠。通过学习，学习者将具备新能源汽车动力电池系统高压供电相关故障检修技能，掌握高压系统的结构组成及工作原理，同时养成严谨细致的工作态度、高压作业的安全意识和实事求是的工作作风。

任务 2.1 高压系统绝缘故障检修

学习目标

知识目标：

1. 掌握动力电池包漏电故障的分析方法；
2. 掌握动力电池包绝缘阻值的测量方法及动力电池包好坏的判定方法。

技能目标：

1. 能够根据企业标准或国家标准，使用万用表、绝缘测试仪等设备对动力电池包进行绝缘检测；
2. 能够根据检测结果，找到漏电故障点，并修复故障。

素质目标：

1. 在高压系统绝缘故障检修过程中，培养学生互相学习、彼此合作、共同探索新鲜事物的能力；
2. 通过高压系统绝缘故障检修，提高自己对 5S 管理的理解与实践能力。

任务描述

京浩购买了一辆二手比亚迪秦 EV，使用了一段时间后，发现车辆仪表提示“车辆 EV 功能受限”。作为一名新能源汽车维修工，你如何来解决这一问题？

任务梳理

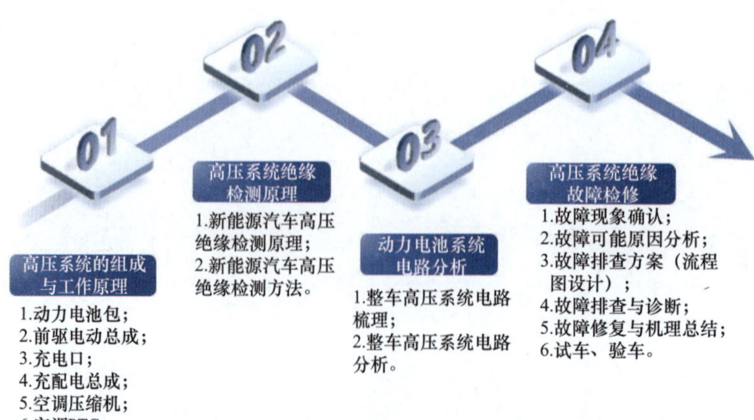

相关知识

2.1.1　高压系统的组成与工作原理

1. 动力电池包

比亚迪秦 EV 的动力电池包由动力电池模组、动力电池信息采集器、动力电池串联线、动力电池托盘、动力电池包密封盖、动力电池采样线等组成，额定电压为 386.9 V，总电量为 40.6 kWh，其安装位置如图 2.1 所示。

2. 前驱电动总成

前驱电动总成（图 2.2）由驱动电机、电机控制器及变速器集成，设置在整车前舱，如图 2.2 所示。其中，驱动电机主要是将电机控制器提供的电能转化为机械能输出至变速器，以及将变速器输入的机械能转换为电能输出至电机控制器；电机控制器主要用于控制动力电池与驱动电机之间的能量传输；变速器主要是实现对驱动电机的减速增扭作用。

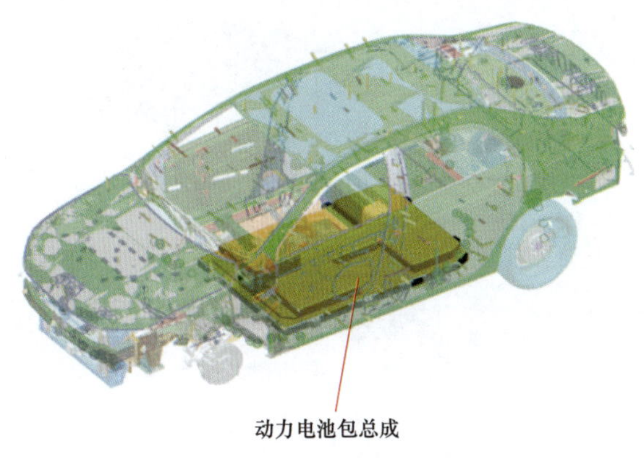

图 2.1　动力电池包安装位置

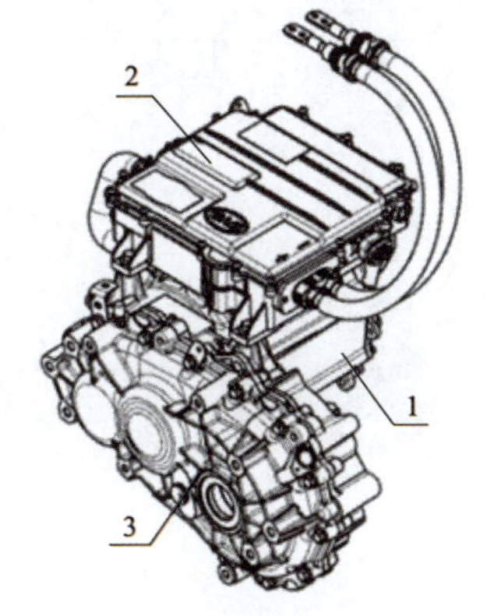

1—驱动电机；2—电机控制器；3—变速器。

图 2.2　前驱电动总成

3. 充电口

交流充电口总成布置在车辆的右后侧围，直流充电口总成布置在前格栅处，如图 2.3 所示。

4. 充配电总成

充配电总成（图 2.4）位于电机控制器的上方，具有车载充电机 OBC、高低压转换模块 DC/DC 变换器和高压配电盒 PDU 的功能。三合一的设计使得部分电路能够按照使用工况达到共享，从而实现更集中的热管理，提升能量转换效率。

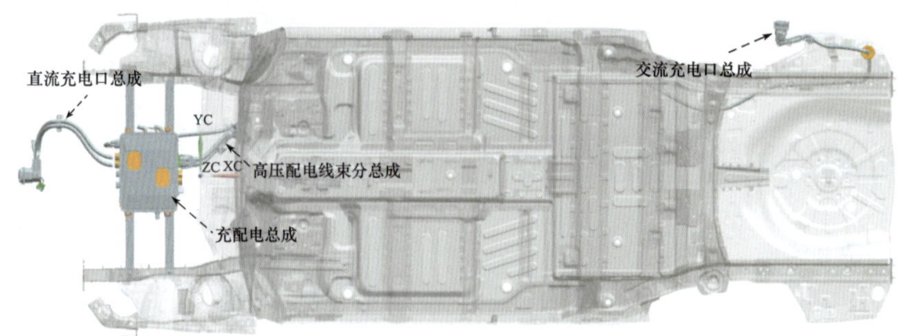

图 2.3　整车充电口位置

<<< 5. 空调压缩机

空调压缩机（图 2.5）是空调系统的核心部件，通过压缩气态制冷剂，使其压力和温度升高，从而达到制冷效果。压缩机工作时，要消耗大量能量，传统车辆的空调系统通常由发动机带动压缩机工作，而比亚迪秦 EV 的空调系统则采用电动式压缩机，通过电池供电，压缩机无须依赖发动机。

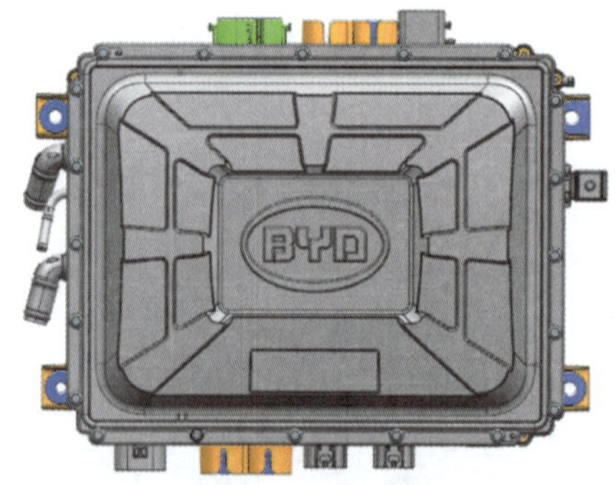

图 2.4　充配电总成

图 2.5　空调压缩机

<<< 6. 空调 PTC

图 2.6　空调 PTC

空调 PTC（图 2.6）的工作原理主要是基于 PTC 热敏电阻的正温度系数效应。当电流通过 PTC 热敏电阻时，其电阻会随着温度的升高而急剧增加，导致 PTC 热敏电阻自身发热，然后加热周围的环境，如车内空气或冷却液。具体来说，PTC 热敏电阻通常在汽车空调系统中作为加热器使用，当车辆启动空调制热功能时，PTC 热敏电阻会被电流激活，开始发热，进而使得鼓风机可以将经过过滤和循环的车内空气加热，从而使乘客感受到温暖。

2.1.2 高压系统电路分析

比亚迪秦 EV 高压系统电路简图如图 2.7 所示。高压未上电时，由于动力电池包内部的正极、负极接触器是断开的，电能仅存储在电池包内部，与其他的高压用电设备，如充配电总成、空调 PTC、电机控制器等设备的连接处于断开状态。高压上电成功后，动力电池包内部的正极、负极接触器吸合，动力电池包内部的高压电经过充配电总成，分配至空调 PTC、空调压缩机、电机控制器等高压用电设备。其中，DC/DC 变换器集成在充配电总成中，高压上电之后，DC/DC 变换器得电，将高压直流电转化为低压直流电，给低压系统供电。

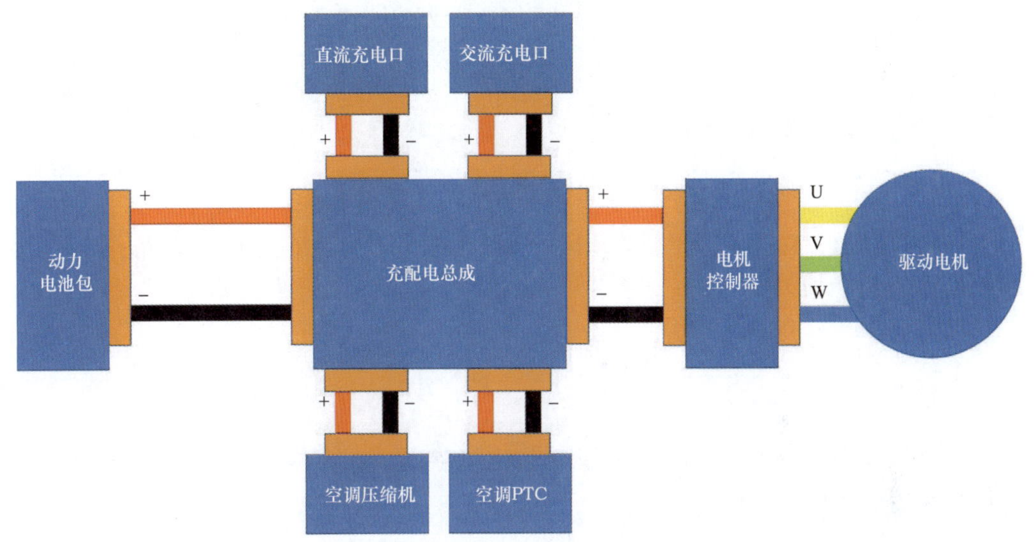

图 2.7 比亚迪秦 EV 高压系统电路简图

直流快充时，充电桩的高压直流电通过直流充电口进入充配电总成，经过快充接触器后，进入动力电池包内部，给动力电池包充电。

交流慢充时，充电桩的交流电通过交流充电口进入充配电总成内的 OBC（车载充电机），转化成高压直流电后，进入动力电池包内部，给动力电池包充电。

2.1.3 新能源汽车高压系统绝缘检测原理

新能源汽车的绝缘状况以直流正负母线对地（车身）的绝缘电阻来衡量。电动汽车的国际标准规定，绝缘电阻 R 除以电动汽车直流系统标称电压 U，结果应大于 100 Ω/V，才符合安全要求。

图 2.8 为新能源汽车绝缘电阻测量原理图，其中 R_{c1}、R_{c2} 为标准电阻，阻值为 51 kΩ。其监测的工作原理如下：相对电压 U_0 而言，开关管 T_1 和 T_2 的导通电压很小，可以忽略不计。在电动汽车运行过程中，电压 U_0 不是恒定不变的，其读数需要和电流 I 同时采集。

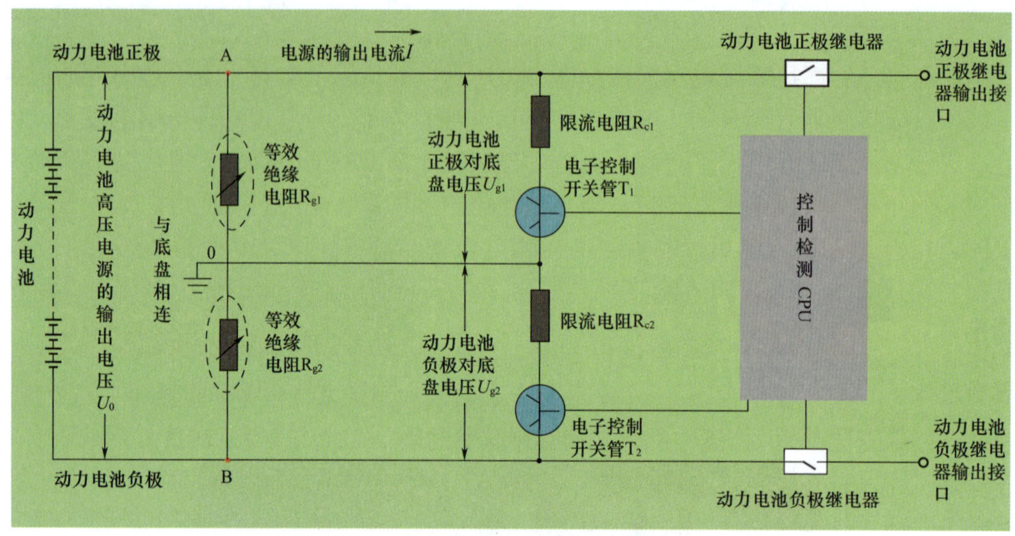

图 2.8　新能源汽车绝缘电阻测量原理

（1）当 T_1 导通、T_2 关断时，桥式线路的等效形式为 R_{g1} 与 R_{c1} 并联后与 R_{g2} 串联，这时电源电压为 U_{01}、电流为 I_1:

$$U_{01}=I_1\left[R_{g2}+\frac{R_{g1}R_{c1}}{R_{g1}+R_{c1}}\right]$$

（2）当 T_2 导通、T_1 关断时，桥式线路的等效形式为 R_{g2} 与 R_{c2} 并联后与 R_{g1} 串联，这时电源电压为 U_{02}、电流为 I_2:

$$U_{02}=I_2\left[R_{g1}+\frac{R_{g2}R_{c2}}{R_{g2}+R_{c2}}\right]$$

当高压电源正、负极引线对底盘绝缘性能较好，满足 $R_{g1}>10R_{c1}$、$R_{g2}>10R_{c2}$ 时，可以做以下近似处理：$R_{g1}R_{c1}/(R_{g1}+R_{c1})\approx R_{c1}$，$R_{g2}R_{c2}/(R_{g2}+R_{c2})\approx R_{c2}$

由式以上 4 式可得到：$R_{g1}=U_{02}/I_2-R_{c2}$，$R_{g2}=U_{01}/I_1-R_{c1}$

（3）如果绝缘电阻 R_{g1}、R_{g2} 之和小于 250 kΩ，说明电流 I 大于 2 mA，则 T_1 和 T_2 同时关断，电源的正、负极引线电缆对底盘的绝缘性能都不好，检测系统不再单独检测 R_{g1} 和 R_{g2}，并立即发出报警信号，同时动力电池控制模块 BMS 断开动力电池包正负极接触器，停止整车高压上电。

2.1.4　新能源汽车高压系统绝缘检测方法

<<< 1. 方法一

（1）通过外接 12 V 电源，使动力电池包内的接触器处于闭合状态。

（2）使用万用表分别测量动力电池包的正极端子、负极端子和电池包壳体之间的电压（图 2.9），待读数稳定，较高的一个为 U_1，较低的一个为 U_1'。

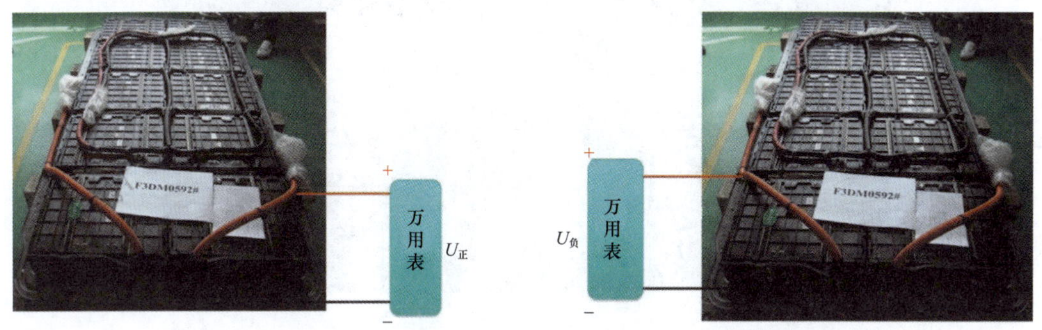

图 2.9　高压系统绝缘检测 1

（3）添加一个已知电阻 R_0，阻值为 100 kΩ。如图 2.10 所示将电阻 R_0 并联在动力电池包的 U_1 侧端子与其壳体之间。用万用表同时测量动力电池包的 U_1 侧端子和壳体之间的电压，待读数稳定，测量值为 U_2。

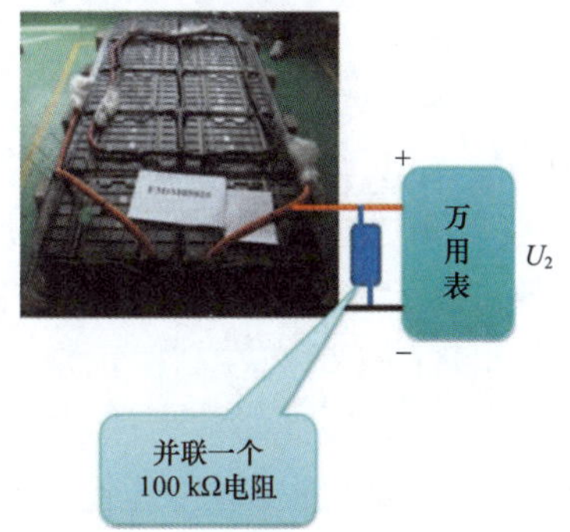

图 2.10　高压系统绝缘检测 2

（4）计算并判断：$\left[\dfrac{(U_1-U_2)}{U_2}\times R_0\right]$/当前电池包总电压是否不小于 500 Ω/V，若是则不漏电。

2. 方法二

使动力电池包内部的接触器处于接通的状态。使用绝缘电阻仪分别测量动力电池包的正极端子、负极端子与其壳体间的绝缘电阻。其中，测量电压应为电池包标称电压的 1.5 倍或 DC 500 V 的电压，两者取较高值。测量时间，施加电压的时间应该足够长，以便获得稳定的读数，推荐值为 30 s。

实训任务

高压系统绝缘故障检修

任务实施步骤：

1. 高压系统绝缘故障现象确认

驾驶员携带本车钥匙上车，起动车辆至 START 档，车辆 OK 灯点亮，仪表显示 EV 功能受限，如图 2.11 所示。

图 2.11　仪表显示“EV 功能受限”

2. 高压系统绝缘故障现象分析

根据仪表提示“EV 功能受限”的故障现象，我们初步分析如下：所谓的 EV 功能，是指车辆高压上电、动力驱动两方面的控制功能。如果高压互锁检测、绝缘检测、单体电池电压/温度检测、电流检测、驱动电机及电机控制器检测、充配电总成检测等出现异常，将导致车辆高压上电失败，同时仪表将点亮主警告灯，提示“EV 功能受限”。而驱动系统及 ESP 系统出现故障时，在高压正常上电、换档行驶过程中，仪表也将点亮主警告灯，并提示“EV 功能受限”，此时或无法行驶，或限速 9 km/h，踩加速踏板后车辆无反应，所以“EV 功能受限“故障范围比较广（图 2.12），我们只能借助诊断仪的提示信息进一步缩小故障范围。

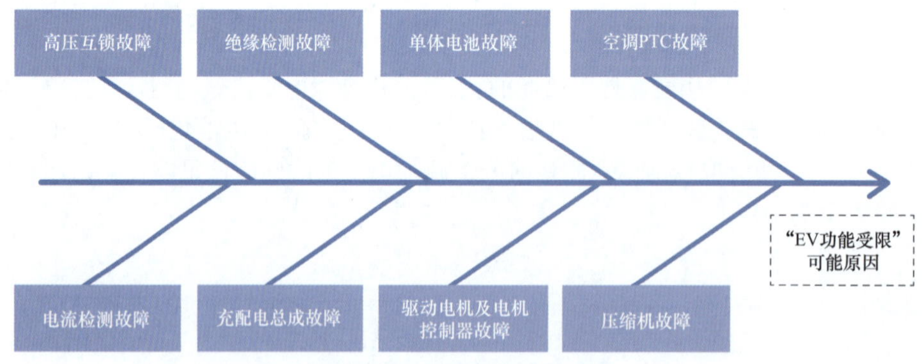

图 2.12　故障可能原因分析

3. 高压系统绝缘故障诊断流程图

高压系统绝缘故障诊断流程图见图 2.13。

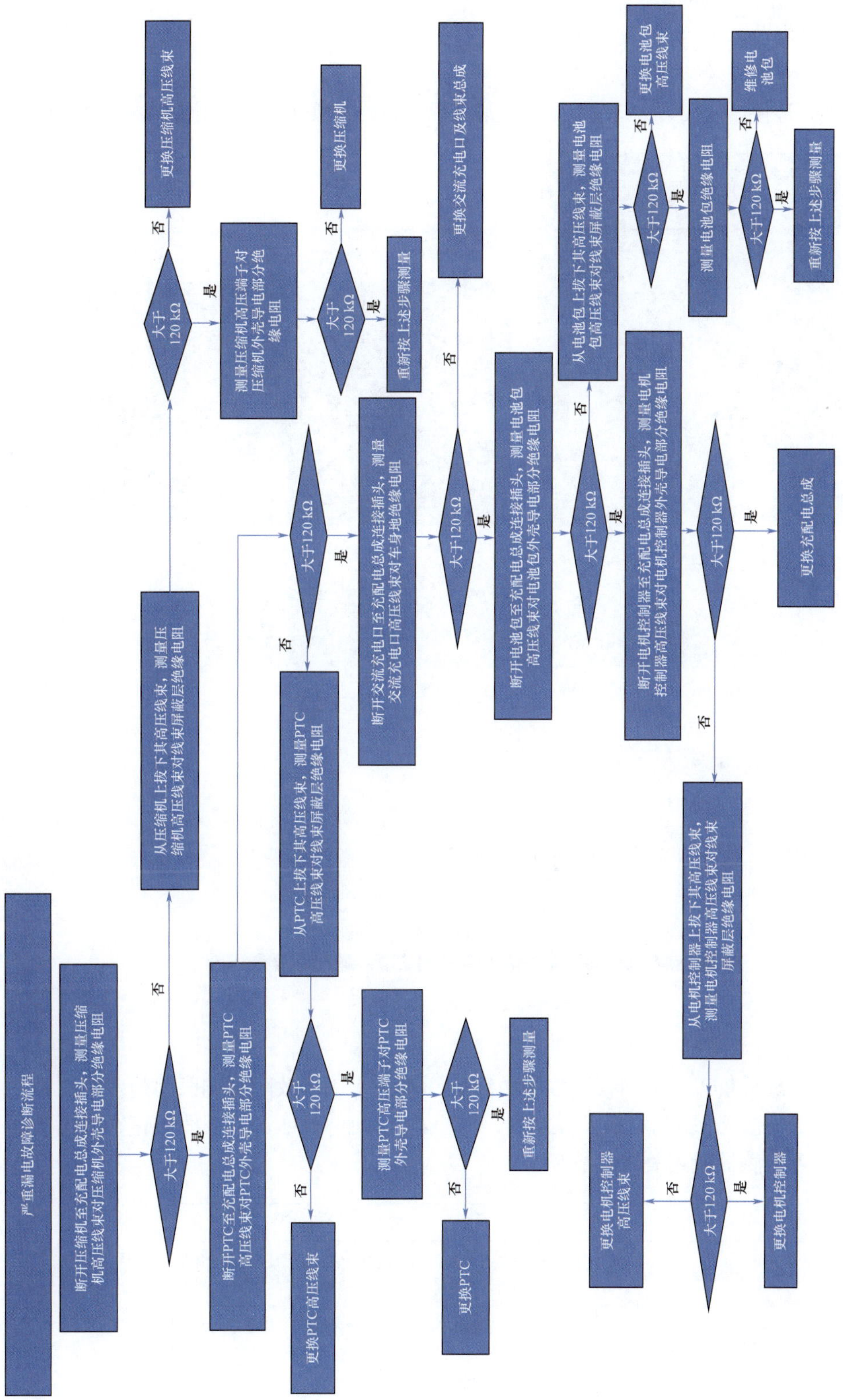

严重漏电故障诊断流程

断开压缩机至充配电总成连接插头，测量压缩机高压线束对压缩机外壳导电部分绝缘电阻

大于120 kΩ

否

从压缩机上拔下其高压线束，测量压缩机高压线束对线束屏蔽层绝缘电阻

大于120 kΩ

否

更换压缩机高压线束

是

测量压缩机高压端子对压缩机外壳导电部分绝缘电阻

大于120 kΩ

否

更换压缩机

是

重新按上述步骤测量

是

断开PTC至充配电总成连接插头，测量PTC高压线束对PTC外壳导电部分绝缘电阻

大于120 kΩ

否

从PTC上拔下其高压线束，测量PTC高压线束对线束屏蔽层绝缘电阻

大于120 kΩ

否

更换PTC高压线束

是

测量PTC高压端子对PTC外壳导电部分绝缘电阻

大于120 kΩ

否

更换PTC

是

重新按上述步骤测量

是

断开交流充电口至充配电总成连接插头，测量交流充电口高压线束对车身地绝缘电阻

大于120 kΩ

否

更换交流充电口及线束总成

是

断开电池包至充配电总成连接插头，测量电池包高压线束对电池包外壳导电部分绝缘电阻

大于120 kΩ

否

从电池包上拔下其高压线束，测量电池包高压线束对线束屏蔽层绝缘电阻

大于120 kΩ

否

更换电池包高压线束

是

测量电池包绝缘电阻

大于120 kΩ

否

维修电池包

是

重新按上述步骤测量

是

断开电机控制器至充配电总成连接插头，测量电机控制器高压线束对电机控制器外壳导电部分绝缘电阻

大于120 kΩ

否

从电机控制器上拔下其高压线束，测量电机控制器高压线束对线束屏蔽层绝缘电阻

大于120 kΩ

否

更换电机控制器高压线束

是

更换电机控制器

是

更换充配电总成

图 2.13　高压系统绝缘故障诊断流程图

4. 高压系统绝缘故障诊断步骤

1）连接诊断仪读取故障码、数据流

进入车辆，连接诊断接头，通过诊断仪读取车辆故障码、数据流，如图 2.14 ~ 图 2.16 所示。

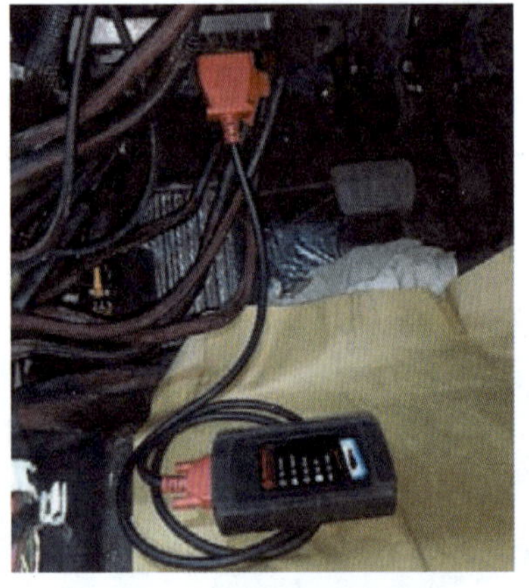

图 2.14 连接诊断仪

图 2.15 读取故障码

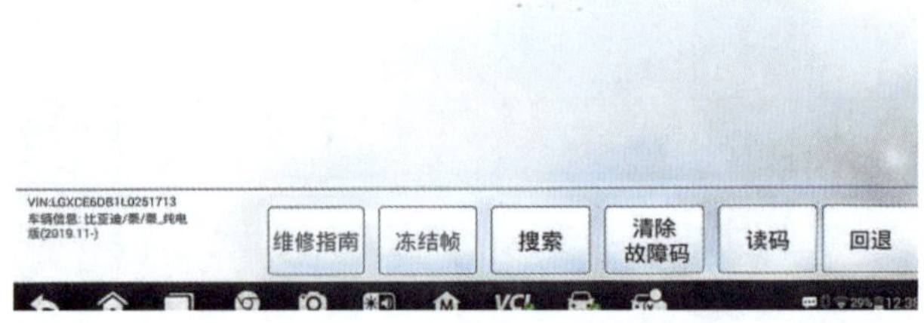

图 2.16 “严重漏电”故障码

2）进一步分析故障可能原因

结合故障现象分析以及诊断仪读取的故障码，进一步确定故障可能原因为（图 2.17）：动力电池、充配电总成、驱动电机及控制器、PTC、压缩机等高压部件及线路存在漏电故障，或者是漏电检测传感器或相关线路故障。

项　目	内　容
故障现象描述	1. 起动车辆，OK 灯亮，组合仪表提示“EV 功能受限”； 2. 故障码：P1CA100 严重漏电故障。
通过分析得出故障可能原因	1. 高压系统确实存在绝缘阻值偏低问题，可能是动力电池、充配电总成、电机与驱动器、PTC、压缩机及相关线路漏电； 2. 漏电检测传感器或相关电路故障。

图 2.17 进一步分析故障可能原因

3）故障诊断及测量

依据故障可能原因，以及故障诊断流程图，开始进行故障数据的测量与分析。

（1）按下起动按钮，使车辆至 OFF 档，并断开蓄电池负极，如图 2.18、图 2.19 所示。

图 2.18 按下起动按钮，使车辆至 OFF 档

图 2.19 断开蓄电池负极

（2）检查并佩戴绝缘手套，如图 2.20、图 2.21 所示。

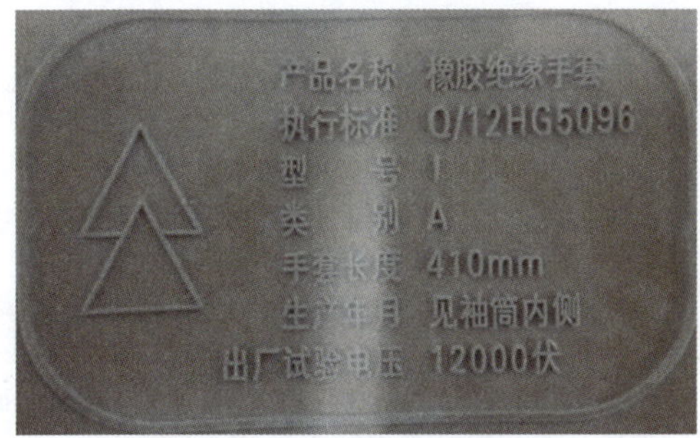

图 2.20 检查绝缘手套信息

图 2.21 佩戴绝缘手套

（3）断开 PTC、压缩机插头，如图 2.22 所示。

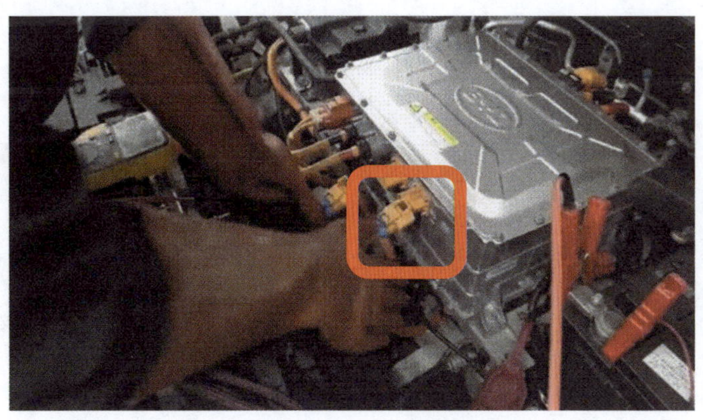

图 2.22 断开 PTC、压缩机插头

（4）测量压缩机、PTC 线束的绝缘值，如图 2.24、图 2.25 所示，测量数值均大于 550 MΩ，标准值为不小于 120 kΩ。根据测量数据可判断压缩机、PTC 总成及线束绝缘阻值正常，无故障。下一步测量交流充电口至充配电总成插头的绝缘阻值。

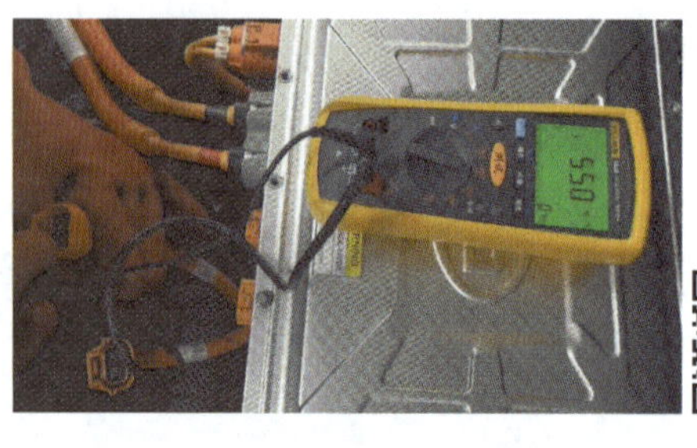

图 2.23　测量 PTC 线束的绝缘值　　图 2.24　测量压缩机线束的绝缘值

（5）拔下交流充电口至充配电总成插头，并测量其绝缘值，如图 2.25、图 2.26 所示。测量数值大于 550 MΩ，标准值为不小于 120 kΩ。根据测量数据可判断：交流充电口及线束绝缘性能正常，无故障。

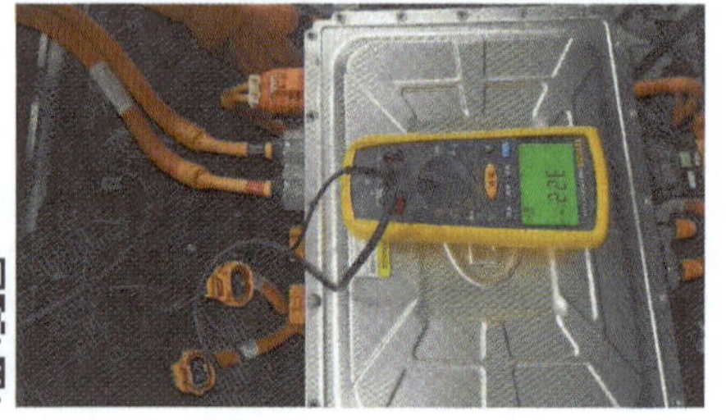
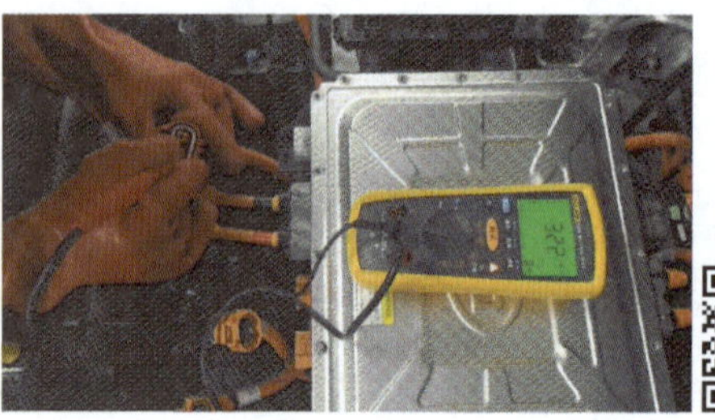

图 2.25　拔下交流充电口至充配电总成插头　　图 2.26　测量交流充电口至充配电总成插头绝缘值

（6）拔下动力电池母线插头，并测量其绝缘值，如图 2.27、图 2.28 所示，测量数值大于 550 MΩ，标准值为不小于 120 kΩ。根据测量数据可判断：动力电池母线绝缘性能正常，无故障。

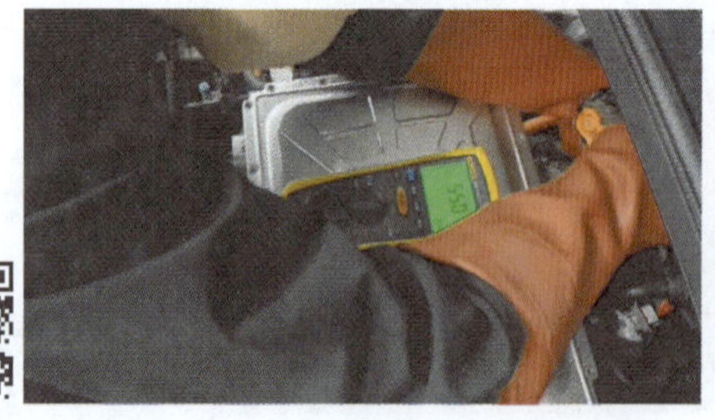
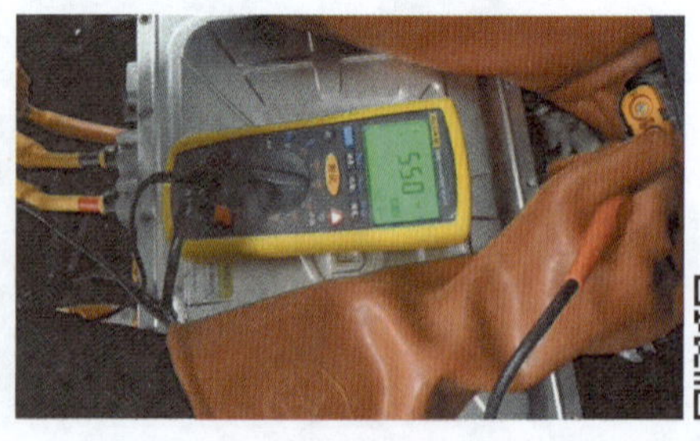

图 2.27　拔下动力电池母线插头　　图 2.28　测量动力电池母线绝缘值

（7）测量充配电总成绝缘值，如图 2.29 所示，测量数值为 0.04 MΩ，标准值为不小于 120 kΩ。根据测量数据可判断充配电总成绝缘性能异常，存在故障。

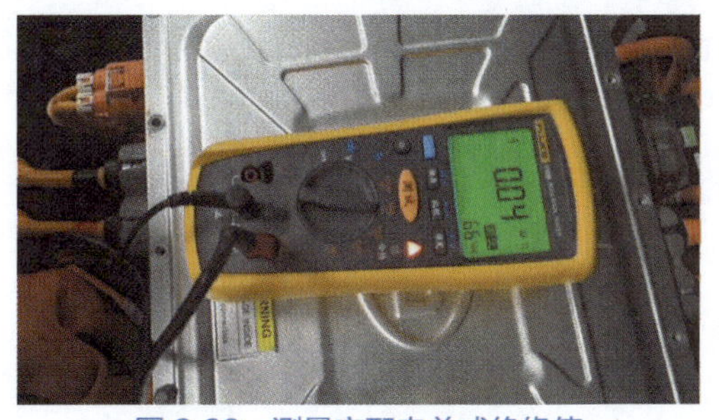

图 2.29 测量充配电总成绝缘值

5. 高压系统绝缘故障排除与维修总结

1）修复故障

（1）更换充配电总成，并连接好所有高压插头。

（2）连接蓄电池负极，如图 2.30 所示。

（3）清除并再次读取故障码，发现故障码已清除，车辆恢复正常状态，如图 2.31 所示。

图 2.30 连接蓄电池负极

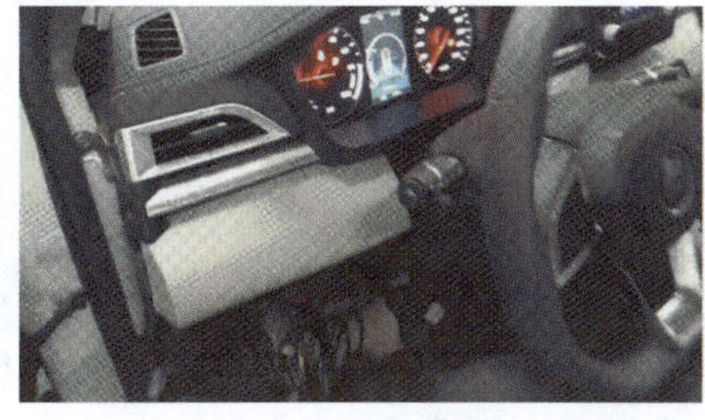

图 2.31 清除故障后车辆正常

2）维修总结

由于充配电总成出现高压绝缘故障，导致整车在高压上电之后存在严重漏电故障，BMS 在上电过程中通过漏电传感器对全车高压系统进行绝缘检测，检测到漏电故障后，会生成相应故障码存储在模块中，同时控制动力电池高压输出，从而使车辆仪表报“EV 功能受限”，导致车辆无法正常行驶。更换充配电总成后，高压系统工作正常，故障修复。

6. 试车、验车

起动车辆，如图 2.32 所示，车辆正常上电，行驶正常，说明故障已排除。

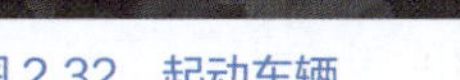

图 2.32 起动车辆

高压系统绝缘故障检修实训工单

<table>
<tr><td>学生姓名</td><td colspan="3"></td><td colspan="2">班级</td><td></td></tr>
<tr><td>车辆信息登记</td><td></td><td>教师评分</td><td></td><td colspan="2">实际用时</td><td></td></tr>
<tr><td>项目</td><td colspan="3">内　容</td><td>配分</td><td>得分</td><td>备注</td></tr>
<tr><td>故障现象描述</td><td colspan="3"></td><td>15</td><td></td><td>包含触发条件、仪表现象、功能现象、诊断仪信息等故障现象</td></tr>
<tr><td>通过分析找出故障可能原因</td><td colspan="3"></td><td>20</td><td></td><td>结合故障现象，分析故障初步原因</td></tr>
<tr><td>维修资料查阅</td><td colspan="3"></td><td>10</td><td></td><td>查阅电路图、维修手册，找出故障相关维修说明</td></tr>
<tr><td>过程数据记录</td><td colspan="3"></td><td>20</td><td></td><td>记录故障诊断的测量条件、测量工具、测量数据及相关判断结论</td></tr>
<tr><td>故障点和故障类型</td><td colspan="3"></td><td>15</td><td></td><td>准确记录故障点及类型</td></tr>
<tr><td>故障机理分析</td><td colspan="3"></td><td>20</td><td></td><td>分析故障形成原因及解决方法</td></tr>
</table>

任务 2.2　动力电池管理系统故障检修

学习目标

知识目标：

1. 掌握动力电池包的组成与工作原理；
2. 掌握动力电池管理系统的电路图查询与识读方法；
3. 掌握动力电池管理系统的相关模块的端子定义，以及端子信号的数值、波形的标准状态；
4. 掌握动力电池管理系统故障的分析方法。

技能目标：

1. 能够通过电路图、维修手册，找到动力电池系统相关的模块、线束等元器件；
2. 能够通过观察车辆仪表状态、故障码、数据流等信息，初步判断动力电池管理系统故障的可能原因；
3. 能够使用诊断仪，读取动力电池管理系统相关的故障码与数据流；
4. 能够使用正确的诊断测量工具，测量动力电池管理系统相关的模块线束等元器件的工作数值、波形；
5. 能够结合车辆故障现象、故障码、数据流及相关测量数据，找到并修复动力电池管理系统故障的故障点。

素质目标：

1. 在动力电池管理系统故障检修过程中，培养学生互相学习、彼此合作、共同探索新鲜事物的能力；
2. 通过动力电池管理系统故障检修，提高自己对 5S 管理的理解与实践能力。

任务描述

京浩购买了一辆二手比亚迪秦 EV，使用了一段时间后，发现车辆仪表无 SOC 值，高压无法上电。作为一名新能源汽车维修工，你如何来解决这一问题呢？

任务梳理

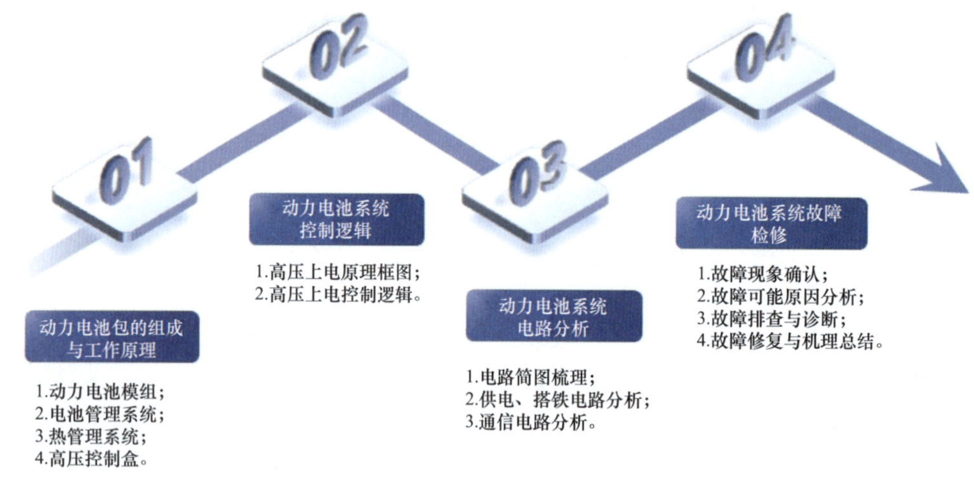

相关知识

2.2.1 动力电池包的组成与工作原理

<<< 1. 动力电池包的组成及部件位置

1）动力电池模组

动力电池模组是动力电池包的“心脏”，负责储存和释放能量，为电动汽车提供动力。动力电池模组通过结构设计，再加上动力电池管理系统和热管理系统，就可以组成一个较完整的动力电池包。动力电池包通过工艺、结构固定在设计位置，协同发挥电能充放、存储的功能，因此动力电池模组的基本作用就是连接、固定和安全防护。动力电池模组的参数如表 2.1 所示。

表 2.1 动力电池模组参数

名　称	参 数 值
容量	130 Ah
模组数量	10（4 × 16S+6 × 8S）①
总电压	408.8 V
充电截止电压	4.3 V
标称电压	3.65 V
放电截止电压	2.8 V

① 参数值的含义为：10 个模组，其中 4 个模组是由 16 节单体电池串联成的模组，另外 6 个模组是由 8 节单体电池串联成的模组，参数值中的“S”代表串联。

动力电池单体即电芯按正极材料来分，主要有钴酸锂、锰酸锂、磷酸铁锂及镍钴锰酸锂三元材料等。动力电池模组（图 2.33）的结构必须对电芯起到支撑、固定和保护作用。

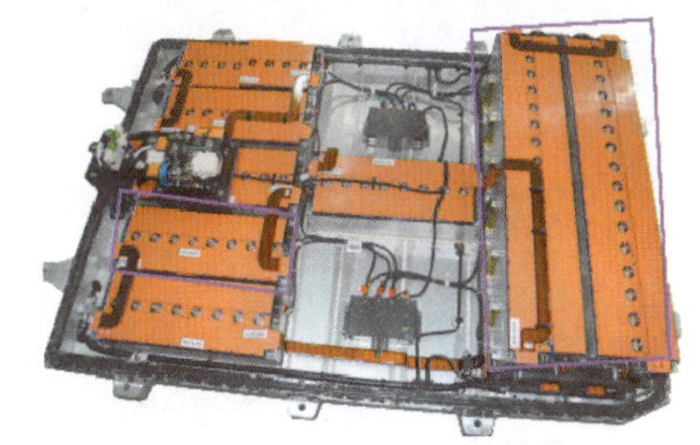

图 2.33 动力电池模组

2）电池管理系统

电池管理系统（battery management system，BMS）由电池信息采集器（battery information collector，BIC）和电池管理控制器（battery management controller，BMC）组成。电池信息采集器（图 2.34）的主要功能是电压采样、温度采样、电池均衡、采样线异常检测等。电池管理控制器的主要功能是充放电管理、接触器控制、功率控制、电池异常状态报警和保护、SOC/SOH 计算、自检以及通信等，电池管理控制器在车上的位置如图 2.35 所示。

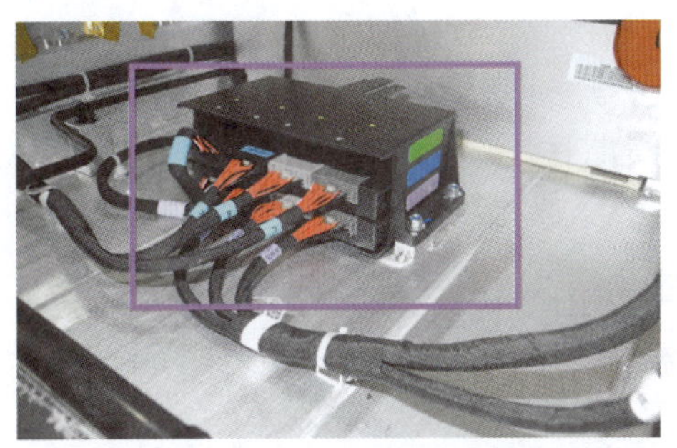

图 2.34 电池信息采集器

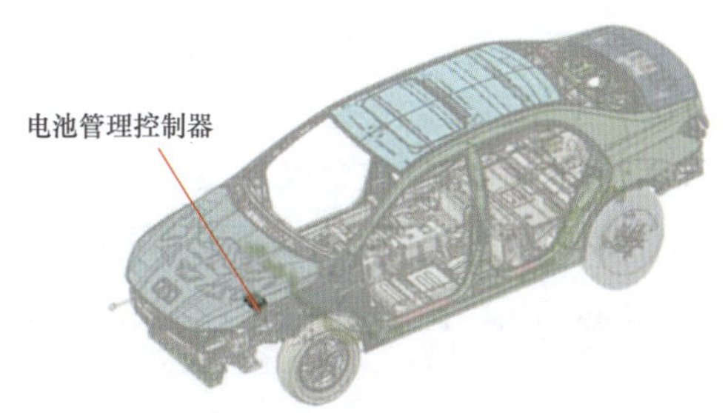

图 2.35 电池管理控制器在车上的位置

3）热管理系统

动力电池最佳的工作温度为 25℃左右，但动力电池工作电流大，产生热量多，同时电池包处于一个相对封闭的环境，就会导致动力电池的温度上升。同时，在低温下充电及车辆行驶中，也将导致动力电池性能急剧下降。因此，电动汽车通过引入外部暖风、空调热源、冷源（图 2.36），实现低能耗热管理控制（图 2.37），增加车辆续航里程。

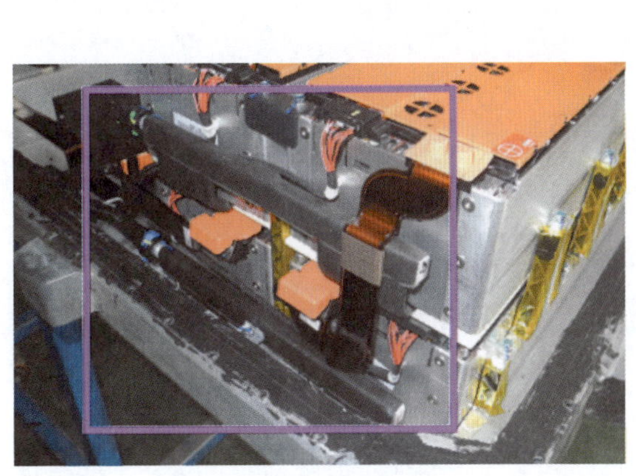

图 2.36 电池包冷却液管路

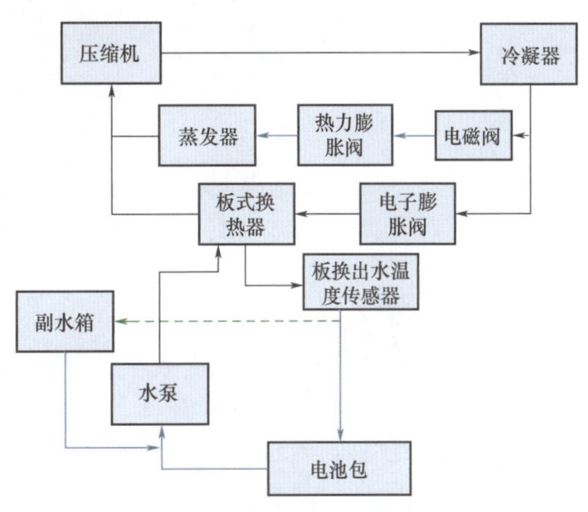

图 2.37 热管理系统框图

图 2.38　高压控制盒

4）高压控制盒

高压控制盒（图 2.38）的作用是控制电池包内部的高压电能否对外输出，同时控制充电时充电桩过来的直流电能否进入电池包内部的模组、单体。高压控制盒内部有主正接触器、主负接触器、预充接触器、电流传感器及预充电阻。当预充成功后，高压控制盒内主正、主负接触器吸合，电池包方可正常充放电。

2. 动力电池系统控制逻辑（高压上电逻辑）

高压上电逻辑如图 2.39 所示。

车辆至 START 档，BCM 将起动命令通过动力 CAN 发送给 VCU，同时将动力 CAN 上的 BMS、充配电管理单元、MCU、空调压缩机控制器、PTC 加热控制器唤醒，并开始起动自检模式，各自读取系统故障代码。同时电池管理系统检测高压互锁回路是否完整，并进行单体电芯的循环检测。如果某模块内部出现严重故障代码，或者高压互锁、单体电芯（温度、电压）、CAN 通信、动力系统防盗有一项异常，将停止上电流程，同时将故障信息通过 CAN 总线发送至组合仪表，组合仪表显示故障信息或点亮故障指示灯。

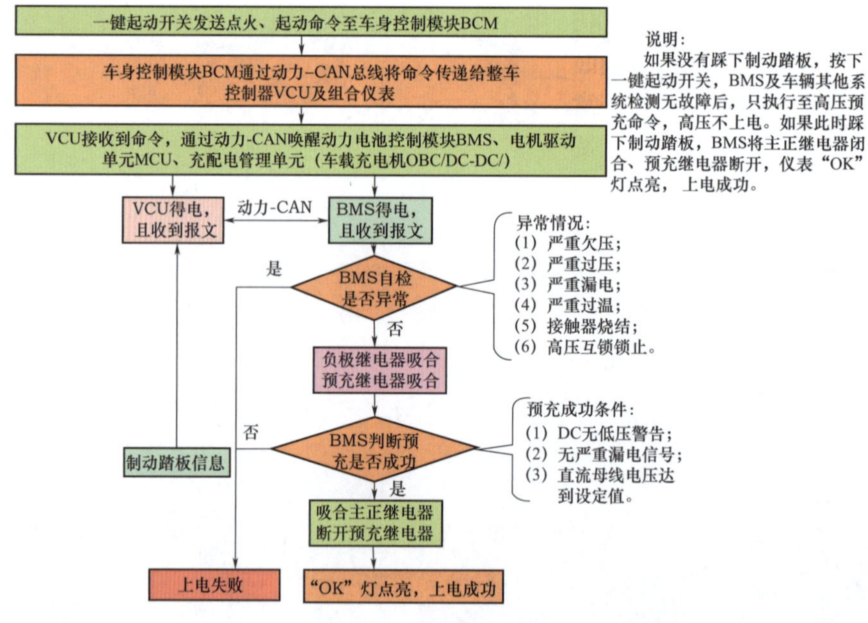

图 2.39　高压上电逻辑

在以上检测完成且正常后，电池管理系统闭合主负接触器，并对主负接触器断路、预充电阻断路、预充接触器粘连、主正接触器粘连进行检测，如果检测成功，则闭合预充接触器。由于电动机及高压线路中包含容性、感性元件，为防止过大的电流对这些元件造成冲击，则主负接触器闭合后，若检测成功，则先闭合预充接触器，车辆进入预充电状态。

在预充电阶段，电池管理系统对预充接触器断路、整车高压绝缘进行检测。如果此时检测到预充接触器断路或整车高压绝缘异常，则停止上电流程，且系统生成并存储故障代码，

同时将故障信息通过 CAN 总线发送至组合仪表，组合仪表显示故障信息或点亮故障指示灯。

当预充电阻两端电压达到母线电压的 90%时，电池管理系统闭合主正接触器，并对主正接触器断路进行检测。如果检测通过，则断开预充接触器，车辆进入放电模式。电池管理系统通过动力 CAN 向 VCU 发送系统准备完成、高压系统已上电信息，组合仪表接收到 VCU 发送的信息后，仪表上绿色 OK 灯点亮，上电开始。如果电池管理系统检测到主正接触器异常，将停止上电流程，且系统生成并存储故障代码，同时将故障信息通过 CAN 总线发送至组合仪表，组合仪表显示故障信息或点亮故障指示灯。

2.2.2　电池管理系统电路分析

1. 供电

常电经过 F1/4 号保险后，分别通过 BK45A/28、BK45B/1 端子给电池管理系统供电，来自 IG3 继电器的电经过 F1/34 号保险后，再通过 BK45B/8 号端子，给电池管理系统供电，如图 2.40 所示。

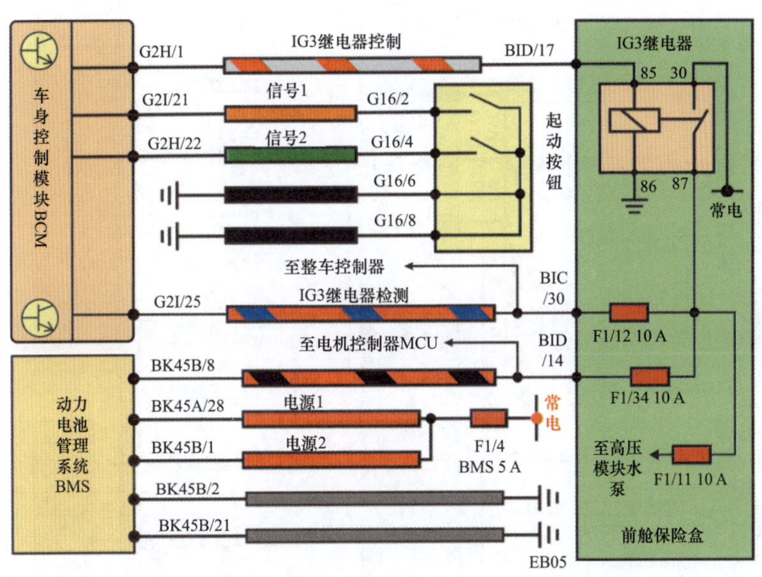

图 2.40　动力电池管理系统供电、搭铁、通信示意图

2. 搭铁

电池管理系统通过 BK45B/2、BK45B/21 号端子至 EB05 搭铁点进行搭铁，如图 2.40 所示。

3. 通信

电池管理系统通过 BK45B/16、BK45B/17 号端子与动力 CAN 内的 VCU、组合仪表、充配电总成、电机控制器、档位传感器、BCM 等模块进行通信。同时，电池管理系统通过 BK45A/1、BK45A/10 端子与电池子网内的通信转化模块进行通信，读取 BIC 采集的单体电池信息，如图 2.41 所示。

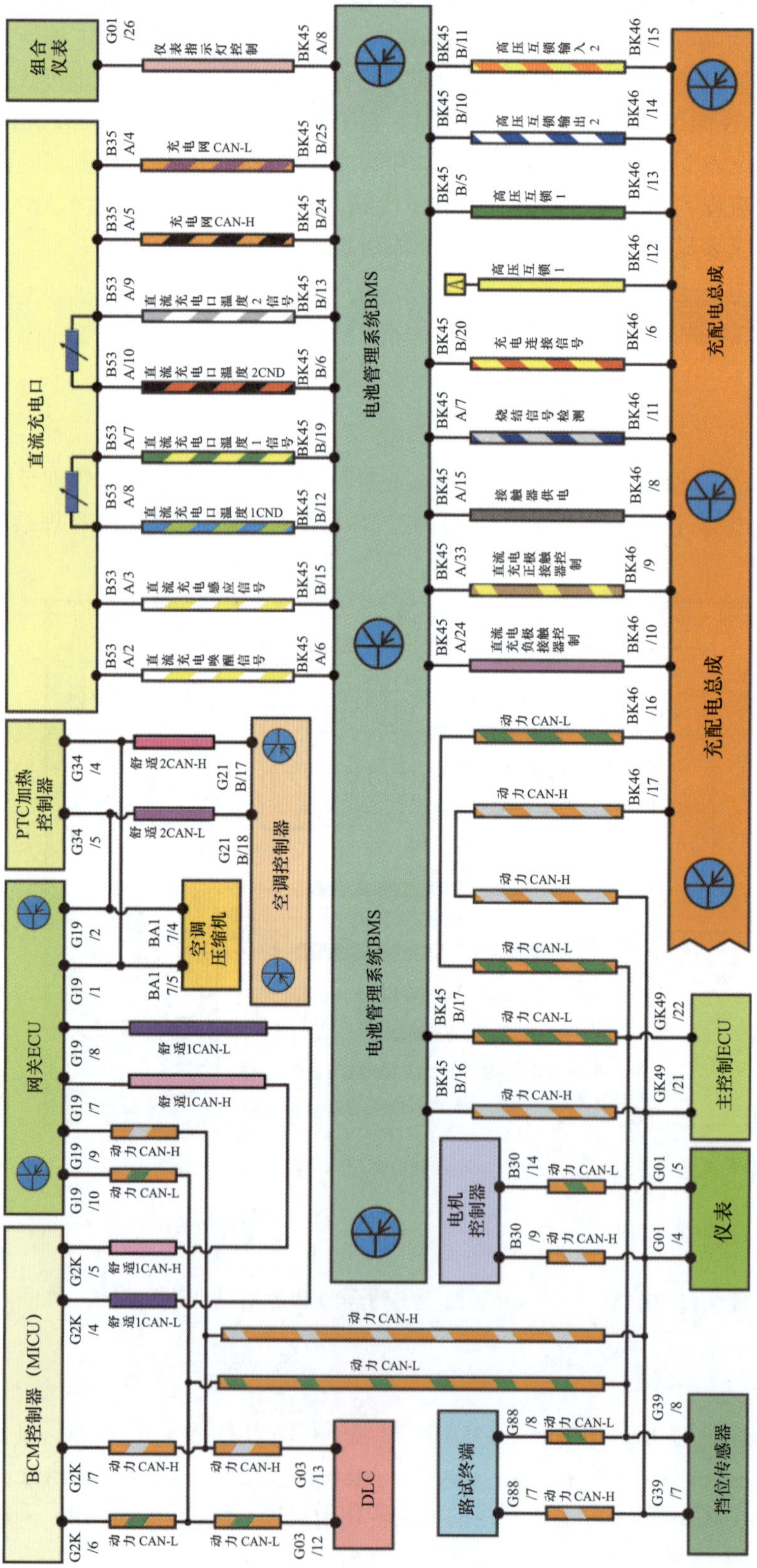

图 2.41 动力电池系统通信电路

实训任务

动力电池系统故障检修

任务实施步骤：

1. 动力电池系统故障现象确认

驾驶员携带本车钥匙上车，起动车辆至 START 档，车辆 OK 灯不亮，仪表显示“请检查动力系统”“请检查车辆网络”，动力电池故障指示灯、主警告灯、动力系统警告灯、充电系统警告灯等多个系统的故障指示灯点亮，仪表显示等多个系统存在故障；仪表无 SOC 值显示，高压上电失败，如图 2.42 所示。

图 2.42　起动车辆，观察仪表故障现象

2. 故障现象分析

（1）仪表无法显示 SOC 值，动力电池故障指示灯点亮，说明组合仪表无法获知 BMC 传递的信息；

（2）其他故障现象和仪表提示说明故障来自动力 CAN 系统、舒适 CAN 系统及 ESC-CAN 系统。

注意

由于组合仪表位于动力 CAN 系统，所以动力 CAN 总线出现故障时，会导致组合仪表与所有模块通信均异常。

3. 动力电池系统故障诊断步骤解析

1）连接诊断仪读取故障码、数据流

进入车辆，连接诊断接头，通过诊断仪，读取车辆故障码、数据流，如图 2.43 ~ 图 2.45 所示。

图 2.43　车辆诊断接口

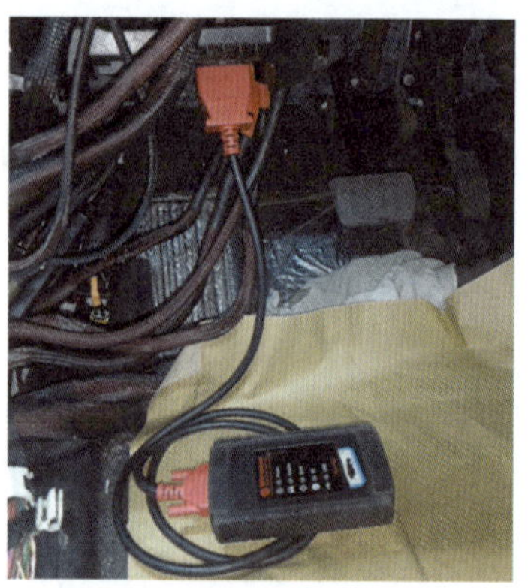
图 2.44　连接诊断接头

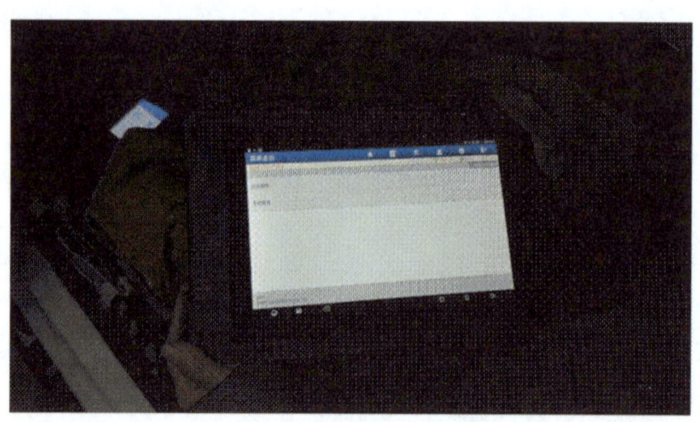

图 2.45　诊断仪读取故障码

2）故障可能原因分析

针对组合仪表无 SOC 值这一故障现象，分析故障可能原因（图 2.46）为：① BMS 通信故障；② BIC 故障；③ BMS 供电、搭铁故障；④ 组合仪表局部故障；⑤ 动力网故障。由诊断仪读取的故障码可知，动力网存在故障。根据故障排查优先级，下一步先选择排查动力网通信故障。

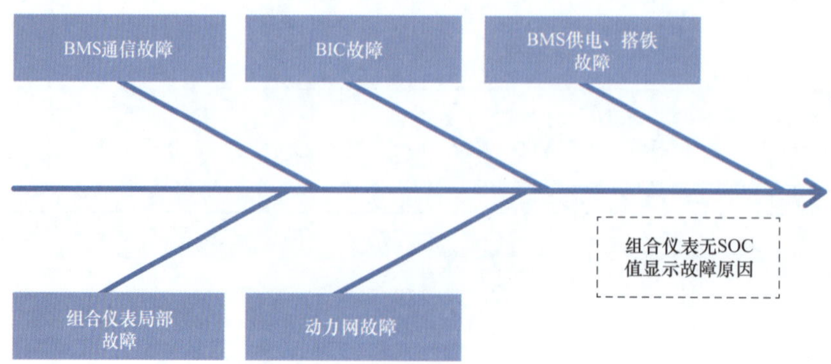

图 2.46　故障可能原因分析

3）故障诊断及测量

（1）测量电池管理系统 BMS 动力 CAN–L 端子 BK45B/17 电压（图 2.47）。使车辆至 OFF 档，断开蓄电池负极，拔下电池管理系统低压插头 BK45B；重新连接蓄电池负极，车辆上电。测量 BK45B/17 端子电压（图 2.48），为 2.2 V，正常，因为 BMS 动力 CAN–L 电压标准值在 1.5 ~ 2.5 V 之间变化。

图 2.47　测量 BK45B/17 端子（BMS 动力 CAN–L）电压

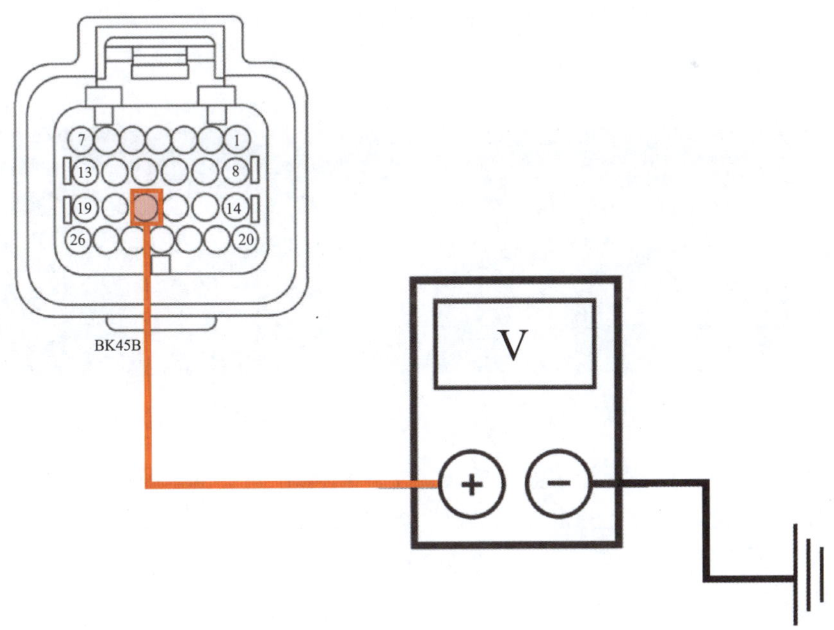

图 2.48　BMS CAN–L 电压测量位置 BK45B/17 示意图

（2）测量电池管理系统 BMS 动力 CAN–H 端子 BK45B/16 电压。测量 BK45B/16 端子（BMS 动力 CAN–H）电压，为 0.02 V，异常，因为 BMS 动力 CAN–H 电压标准值为 2.5 ~ 3.5 V。

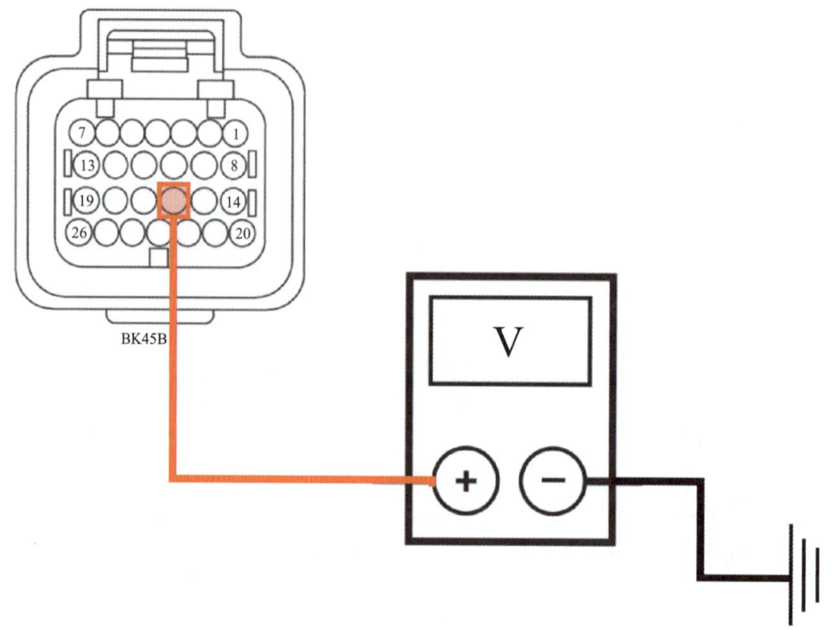

图 2.49　BMS CAN-H 电压测量位置 BK45B/16 示意图

（3）测量 BMS 动力 CAN-H 波形（BK45B/17 端子），对比标准波形，发现 BMS 动力 CAN-H 波形异常，CAN-H 波形明显比标准波形的幅值要低，如图 2.50、图 2.51 所示。

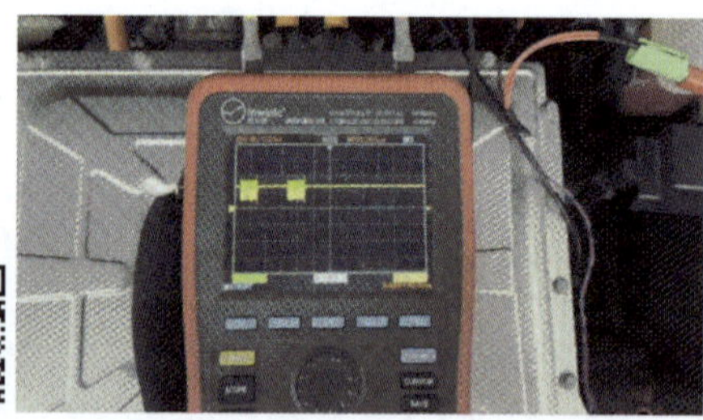

图 2.50　动力 CAN-H 标准波形

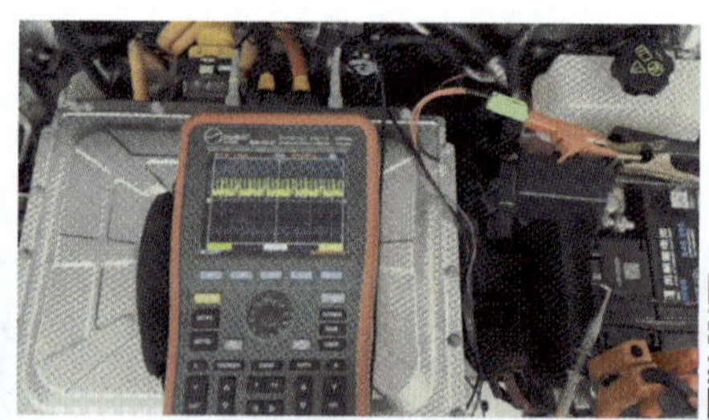

图 2.51　实测动力 CAN-H 波形

（4）使车辆至 OFF 档，断开蓄电池负极，拔下 BK45B 插头，测量 BK45B/17、BK45B/16 端子间的电阻（图 2.52、图 2.53），测量数值为 133.7 Ω，正常。因为此时测量的是动力网内网关内部的终端电阻，其标准值为（120 ± 20）Ω。说明电池管理系统至动力 CAN-H、动力 CAN-L 线路正常。

（5）使车辆至 OFF 档，断开蓄电池负极，拔下 BK45B 插头，测量 BK45B/16 端子与搭铁点间的电阻（图 2.54），为 0.7 Ω，异常，因为标准数值为 ∞，说明 BMS 动力 CAN-H 线路对车身地存在短路故障。

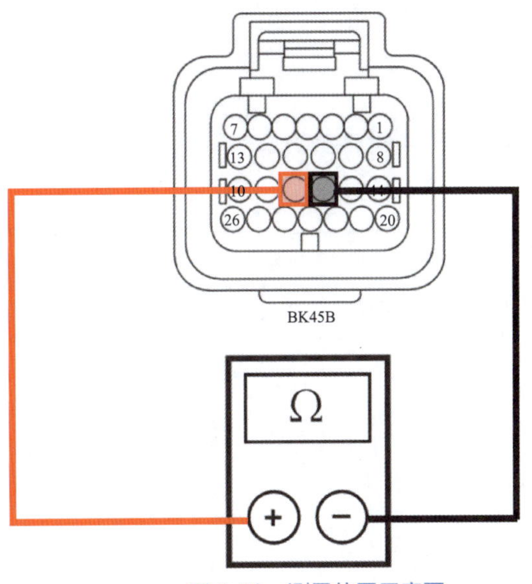

图 2.52 测量位置示意图

图 2.53 测量 BK45B/17、BK45B/16 端子间的电阻

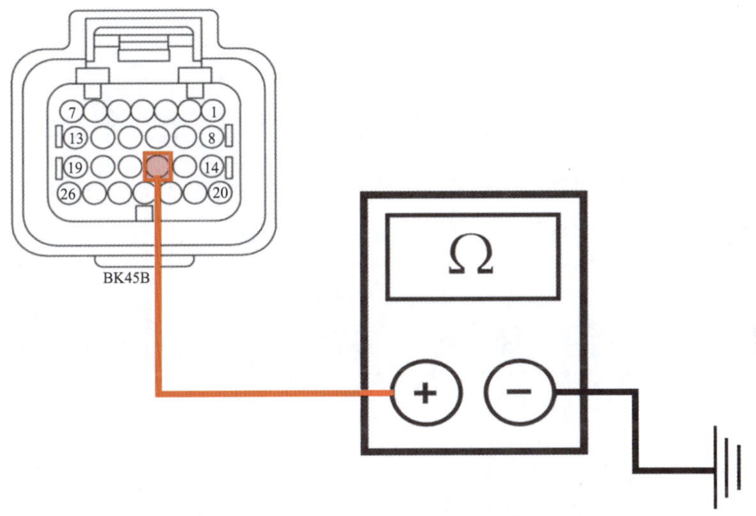

图 2.54 BK45B/16 端子与搭铁点间的电阻测量

<<< 4. 动力电池系统故障排除与维修总结

1）修复故障

（1）更换、修复故障线束，并连接好所有高、低压插头。

（2）连接蓄电池负极，起动车辆，清除并再次读取故障码，发现故障码已清除，车辆恢复正常状态，高压上电成功。

2）维修总结

由于动力 CAN-H 线路对地短路，导致动力 CAN 总线系统无法工作，所以按下一键起动按钮后，动力系统各模块无法与其他模块通信，仪表不显示 SOC 值，且提示多个系统存在故障，高压无法上电。故障线束更换后，整车动力 CAN 通信正常，仪表信息显示正常，故障码可以正常清除，高压上电成功。

动力电池系统故障检修实训工单

<table>
<tr><td>学生姓名</td><td colspan="2"></td><td colspan="2">班级</td><td></td></tr>
<tr><td>车辆信息登记</td><td></td><td>教师评分</td><td colspan="2"></td><td>实际用时</td><td></td></tr>
<tr><td>项目</td><td colspan="2">内　容</td><td>配分</td><td>得分</td><td>备注</td></tr>
<tr><td>故障现象描述</td><td colspan="2"></td><td>15</td><td></td><td>包含触发条件、仪表现象、功能现象、诊断仪信息等故障现象</td></tr>
<tr><td>通过分析找出故障可能原因</td><td colspan="2"></td><td>20</td><td></td><td>结合故障现象，分析故障初步原因</td></tr>
<tr><td>维修资料查阅</td><td colspan="2"></td><td>10</td><td></td><td>查阅电路图、维修手册，找出故障相关维修说明</td></tr>
<tr><td>过程数据记录</td><td colspan="2"></td><td>20</td><td></td><td>记录故障诊断的测量条件、测量工具、测量数据及相关判断结论</td></tr>
<tr><td>故障点和故障类型</td><td colspan="2"></td><td>15</td><td></td><td>准确记录故障点及类型</td></tr>
<tr><td>故障机理分析</td><td colspan="2"></td><td>20</td><td></td><td>分析故障形成原因及解决方法</td></tr>
</table>

任务 2.3　动力电池高压供电系统故障检修

学习目标

知识目标：

1. 掌握动力电池高压供电系统的电路图查询与识读方法；
2. 掌握动力电池高压供电系统的相关部件的测量方法及好坏的判定方法；
3. 掌握动力电池高压供电系统故障的分析方法。

技能目标：

1. 能够通过电路图、维修手册，找到动力电池高压供电系统相关的线束、部件；
2. 能够通过观察车辆仪表状态、故障码、数据流等车辆信息，初步判断动力电池高压供电系统故障的可能原因；
3. 能够使用诊断仪，读取动力电池高压供电系统相关的故障码与数据流；
4. 能够使用正确的诊断测量工具测量动力电池高压供电系统相关的模块线束等元器件的工作数值、波形；
5. 能够结合车辆故障现象、故障码、数据流及相关测量数据，找到并修复动力电池高压供电系统故障的故障点。

素质目标：

1. 在动力电池高压供电系统故障检修过程中，培养学生互相学习、彼此合作、共同探索新鲜事物的能力；
2. 通过动力电池高压供电系统故障检修，提高自己对 5S 管理的理解与实践能力。

任务描述

京浩购买了一辆二手比亚迪秦 EV，使用了一段时间后，发现整车无法起动，仪表 OK 灯不亮。作为一名新能源汽车维修工，你如何来解决这一问题呢？

任务梳理

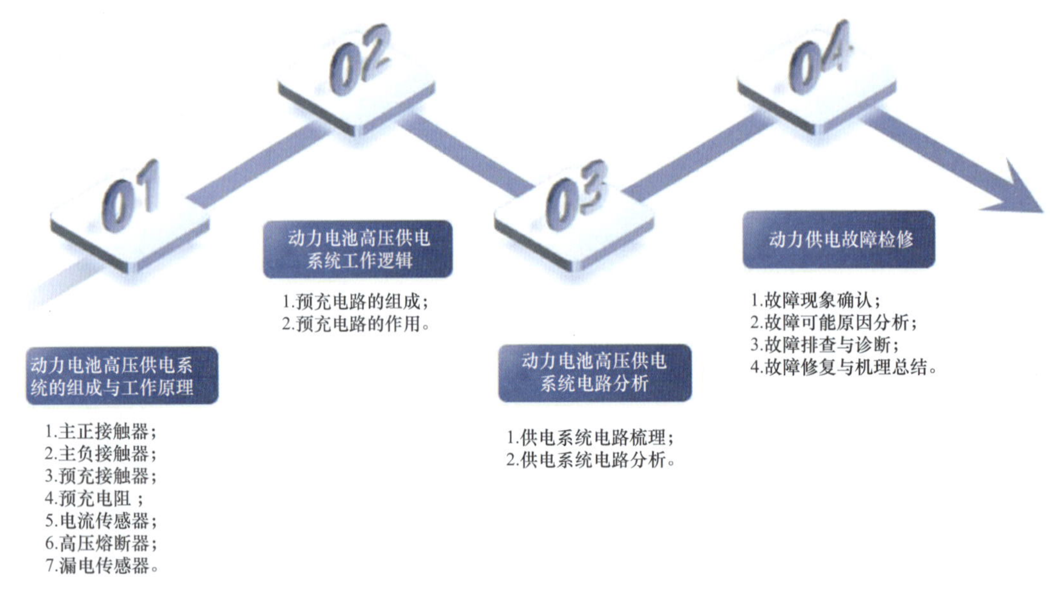

相关知识

2.3.1 动力电池高压供电系统的组成与工作原理

<<< 1. 动力电池高压供电系统的组成及部件位置

（1）主正接触器　接触器（图 2.55、图 2.56）串联在电池包正极回路中，接触器触点为常开状态。接触器线圈上电后产生磁场并磁化铁芯，铁芯磁化后与上方的铁片产生吸力，吸力克服弹簧力后，铁芯（连接片与铁芯为一体）向上运动，连接片把两高压触点连通。接触器线圈下电时，铁芯磁性消失，弹簧使铁芯（连接片）复位，两触点断开。

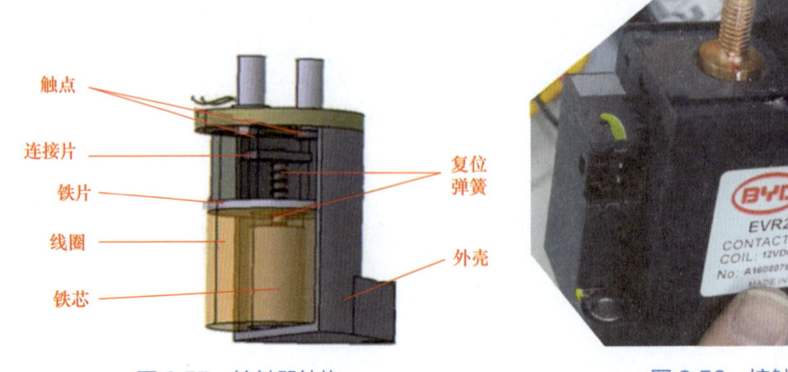

图 2.55　接触器结构　　图 2.56　接触器外观

（2）主负接触器　接触器串联在负极回路中，由电池管理系统控制其吸合与断开，从而控制负极回路的接通与断开。

（3）预充接触器　接触器串联在预充回路中，由电池管理系统控制其吸合与断开，从而控制预充回路的接通与断开。

（4）预充电阻　预充电阻串联在预充回路中，如图 2.57 所示。预充接触器吸合时，通过预充电阻对预充回路中的电流进行限流，以小电流对电机控制器中的预充电容进行预充。

（5）电流传感器（图 2.58）霍尔式电流传感器通常包括一个霍尔元件和一个磁路系统。当有电流通过传感器时，产生的磁场会影响磁路系统中的磁芯，进而影响霍尔元件产生的电动势。这个电动势随后被放大和处理，以转换成可以被测量或监控的电流信号，如图 2.59 所示。

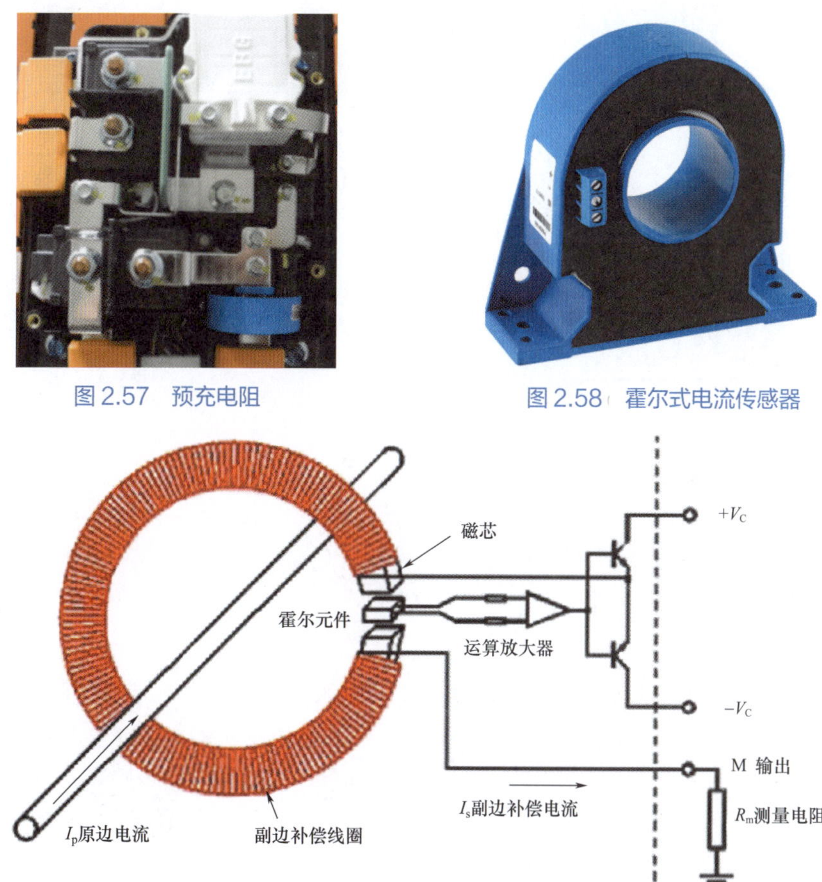

图 2.57　预充电阻

图 2.58　霍尔式电流传感器

图 2.59　电流传感器工作原理

（6）高压熔断器（图 2.60）　其作用是防止放电过电流，防止能量回收过电流。其内部是银熔断片和石英砂，具有快速熔断的特点，一般规格为 250 A/500 V。当出现短路故障时，依靠熔断片迅速熔化、石英砂扩散吸附和冷却来熄灭电弧。

（7）漏电传感器（图 2.61）　漏电传感器串联在高压负极与低压负极之间。当高压回路与低压回路之间存在漏电时，漏电传感器将漏电信号报告给电池管理系统，电池管理系统根据漏电程度，决定是否断开接触器。

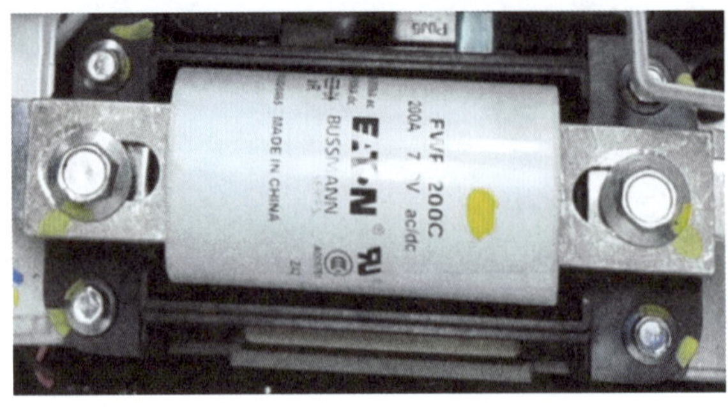

图 2.60　高压熔断器

图 2.61　漏电传感器

<<< 2. 动力电池高压供电系统工作逻辑

动力电池高压供电系统工作逻辑见图 2.62。

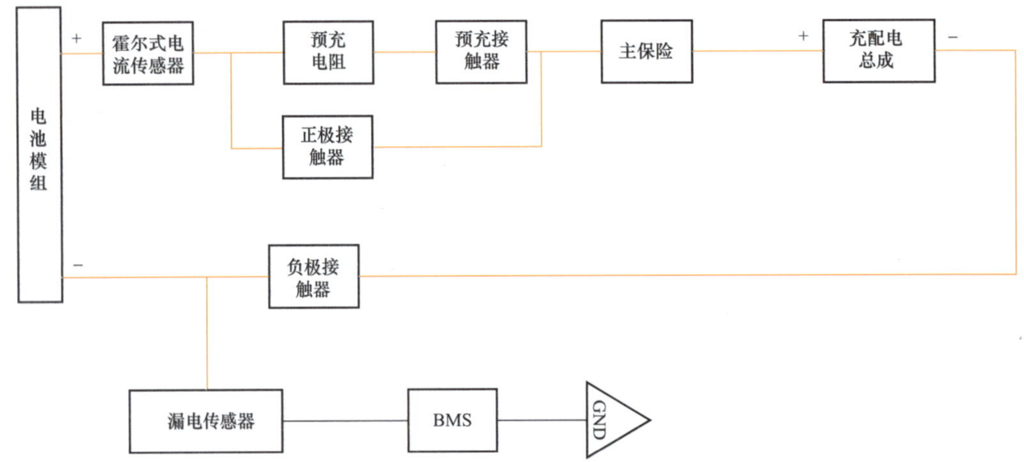

图 2.62　动力电池高压供电系统工作逻辑

电池包对外放电或充电时，因为有电容并联在电源两端，在电源接通的瞬间，电容两端的电压不会突变，但电流会突变，此时负载电阻为导线和接触器触点的电阻，一般远小于 20 mΩ，而电池电压又一般在 300 V 以上，因此此时相当于瞬间短路，产生的瞬间电流 I=300/0.02=15 000 (A)，主正接触器、主负接触器容易因过流、过热粘连而损坏。

同时，过电压、过电流运行导致电容的工作电压超出设备的最大耐压，可能导致电容介质损耗严重，绝缘性被破坏，介质被击穿。

为了避免以上情况，新能源汽车高压回路中设置了预充回路，通过预充接触器与预充电阻的配合，使电池包对外放电或充电时，先经过预充回路对控制电机控制器内的电容进行小电流充电。预充成功后，再断开预充接触器，同时吸合主正接触器，完成高压上电。

2.3.2　动力电池高压供电系统电路分析

动力电池高压供电系统电路图如图 2.63 所示。

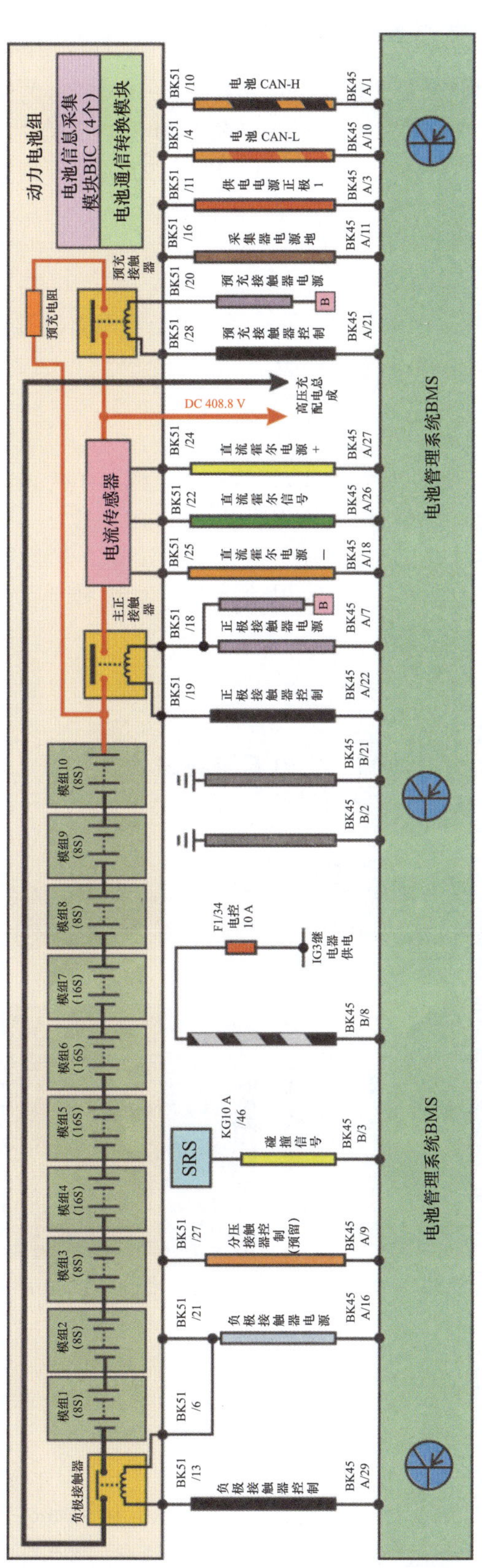

图 2.63　动力电池高压供电系统电路图

<<< 1. 主正继电器与预充继电器控制电路

通过 IG3 继电器过来的电流经过 F1/34 号保险，进入 BK45B/8 号端子，再到 BK45A/7 号端子，一分为二，分别通过 BK51/18 号端子与 BK51/20 号端子给主正继电器与预充继电器线圈供电。同时，电池管理系统 BMS 通过拉低 BK45A/22 号端子电压来控制主正继电器吸合，拉低 BK45A/21 号端子电压来控制预充继电器吸合。

<<< 2. 主负继电器控制电路

电池管理系统 BMS 通过再到 BK45A/16 号端子给主负继电器线圈供电，同时，通过拉低 BK45A/29 号端子电压来控制主负继电器的吸合。

<<< 3. 电流传感器电路

电池管理系统BMS通过BK45A/27至BK51/24线路给电流霍尔传感器供一个+15 V电压，同时通过 BK45A/18 至 BK51/25 线路给电流传感器供一个-15 V 电压，形成一个电回路，从而产生感应磁场。当有电流穿过电流传感器时，根据霍尔效应，会相应产生一个感应电压，电压信号通过 BK51/22 至 BK45A/26 线路到电池管理系统 BMS 模块，计算出流过电流传感器的电流大小。

动力电池高压供电系统故障检修

任务实施步骤：

<<< 1. 动力电池高压供电系统故障现象确认

驾驶员携带本车钥匙上车，起动车辆至 START 档，车辆 OK 灯不亮，仪表显示“EV 功能受限”，如图 2.64、图 2.65 所示。

图 2.64 起动车辆，观察仪表故障现象

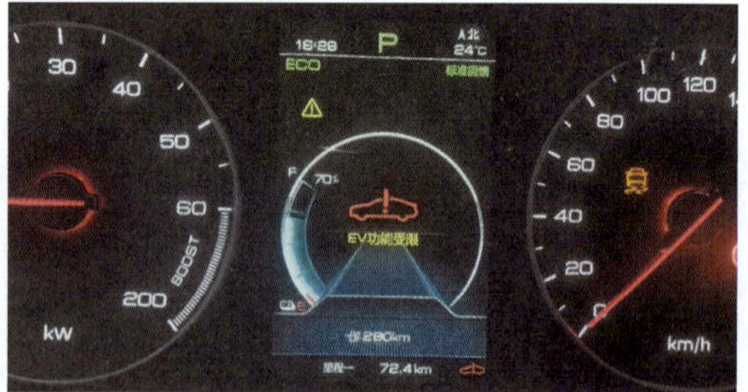

图 2.65 故障状态下的仪表显示

<<< 2. 故障现象分析

（1）由于仪表正常点亮，说明 IG1 继电器能够正常吸合，车身控制模块 BCM、智能钥匙系统工作正常。

（2）仪表提示“EV 功能受限”，说明仪表通信正常，能正常显示故障信息。

（3）EV 功能受限，OK 灯不亮，说明高压上电异常，动力电池包没有对外放电。

结合高压上电逻辑，初步分析故障的可能原因有以下几点（图 2.66）：① 高压互锁故障；

② 绝缘检测故障；③ 单体电池（温度、电压）故障；④ 动力系统防盗故障；⑤ 预充失败故障；⑥ 充配电总成故障；⑦ 驱动电机及电机控制器故障；⑧ 低压供电、通信故障。由于故障范围比较广，我们只能借助诊断仪的提示信息进一步缩小故障范围。

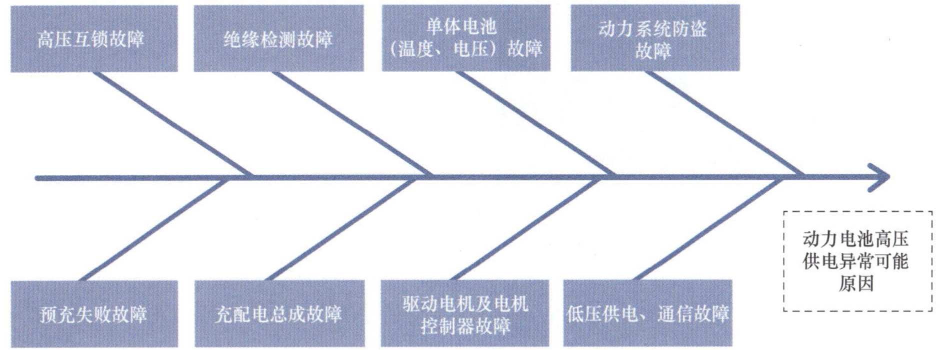

图 2.66　故障可能原因分析

<<< 3. 动力电池高压供电系统故障诊断步骤解析

1）连接诊断仪读取故障码、数据流

进入车辆，连接诊断接头，通过诊断仪读取车辆故障码、数据流，如图 2.67 ~ 图 2.72 所示。

图 2.67　车辆诊断接口

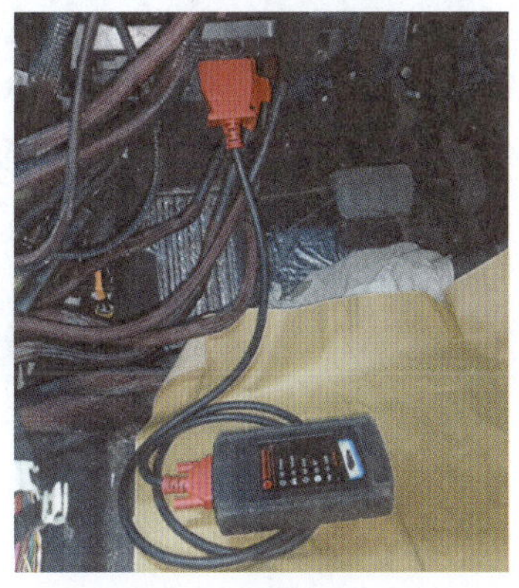

图 2.68　连接诊断接头

图 2.69　读取故障码

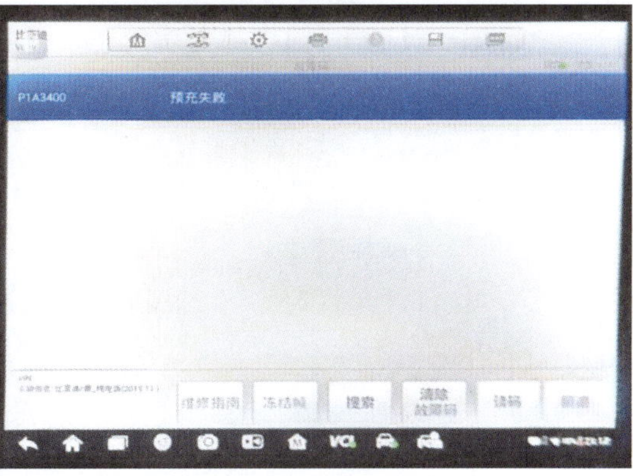

图 2.70　故障码信息

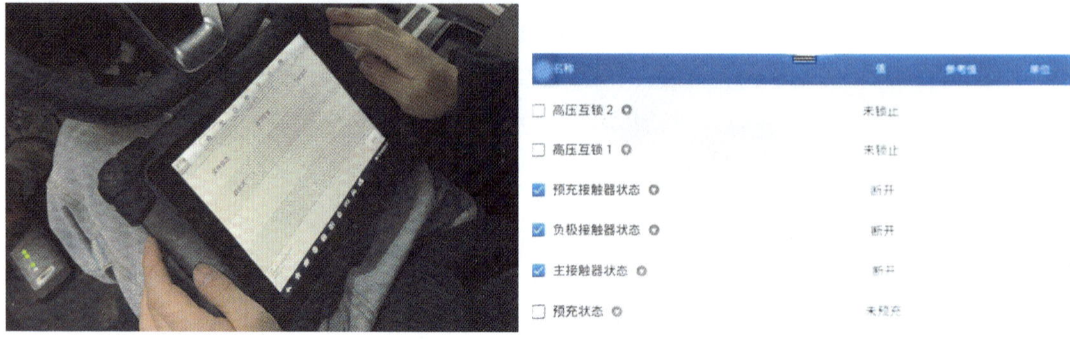

图 2.71　读取数据流　　　　图 2.72　数据流信息

2）故障可能原因分析

结合故障现象分析及诊断仪读取的故障码，可进一步确定故障为预充失败故障。结合预充原理，分析预充失败的可能原因为：预充接触器故障、预充接触器相关线路故障、预充接触器控制模块故障、负极接触器故障、负极接触器线路故障、负极接触器控制模块故障、预充电容故障、电池包至电机控制器高压线路故障。

3）故障诊断及测量

（1）踩下制动踏板，按下起动按钮，使车辆至 START 档。测量预充接触器控制端子 BK45A/21 波形，测量过程及波形如图 2.73 所示，示波器测试接线示意图如图 2.74 所示，测量端子在电路图中的位置如图 2.75 所示。根据图 2.73 可知，车辆起动后，预充接触器控制信号下游端子波形一直处于高电位（12 V 左右），未被拉低，这很不正常，说明预充接触器没有接收到控制吸合信号。

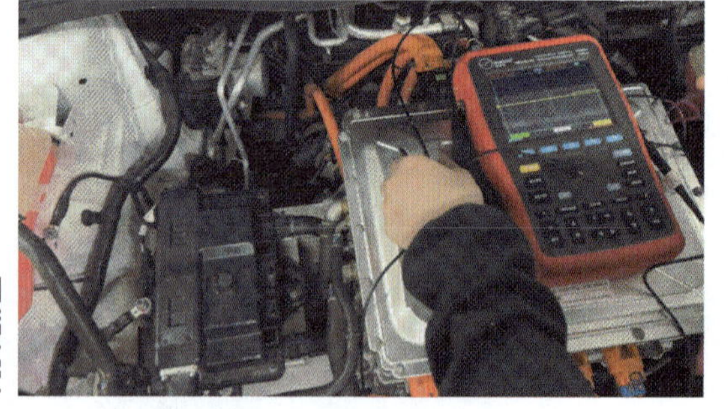

图 2.73　测量预充接触器控制波形

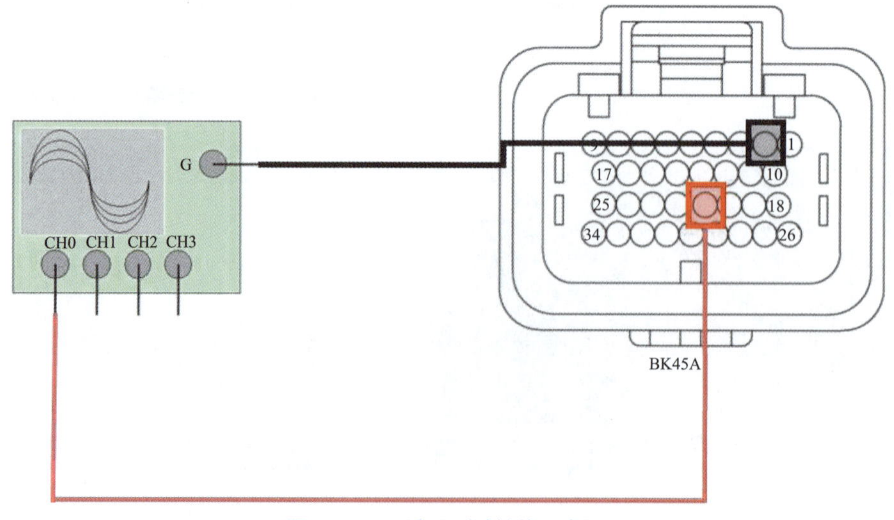

图 2.74　示波器测试接线示意图

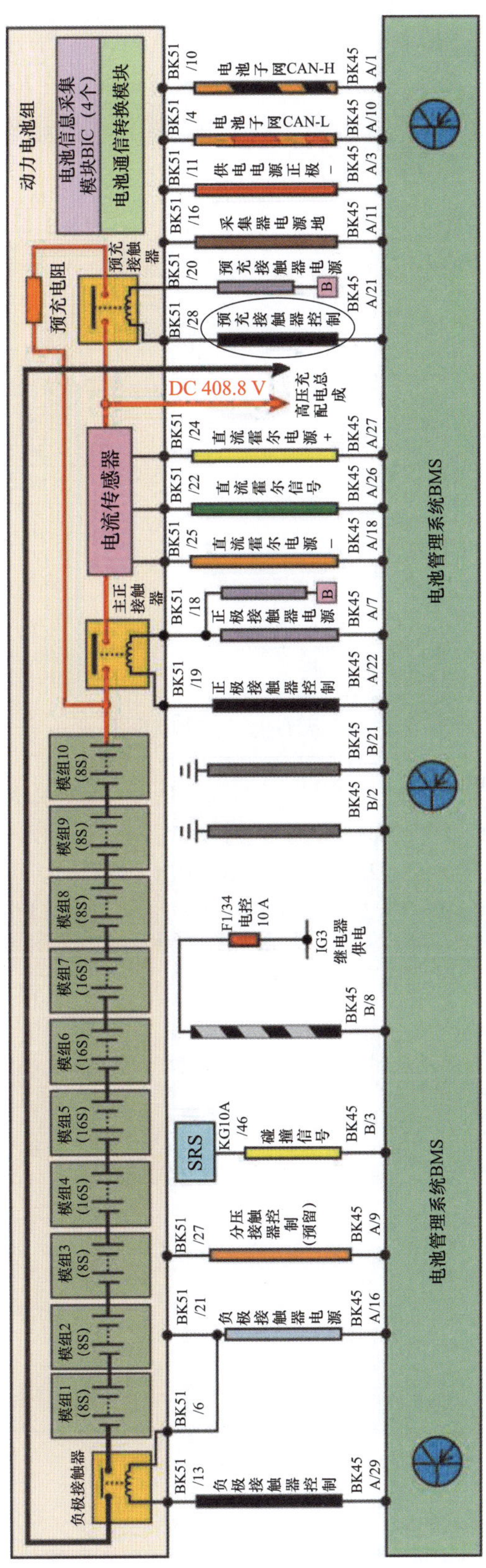

图 2.75 测量端子在电路图中的位置示意图

（2）踩下制动踏板，按下起动按钮，使车辆至 START 档，举升车辆。测量预充接触器控制信号上游端子 BK51/28 波形，示波器测试接线示意图如图 2.76 所示。车辆起动后，预充接触器控制端子波形由高电位（12 V 左右）被拉低至低电位，这是正常现象，说明电池管理系统正常发出控制预充接触器吸合信号。

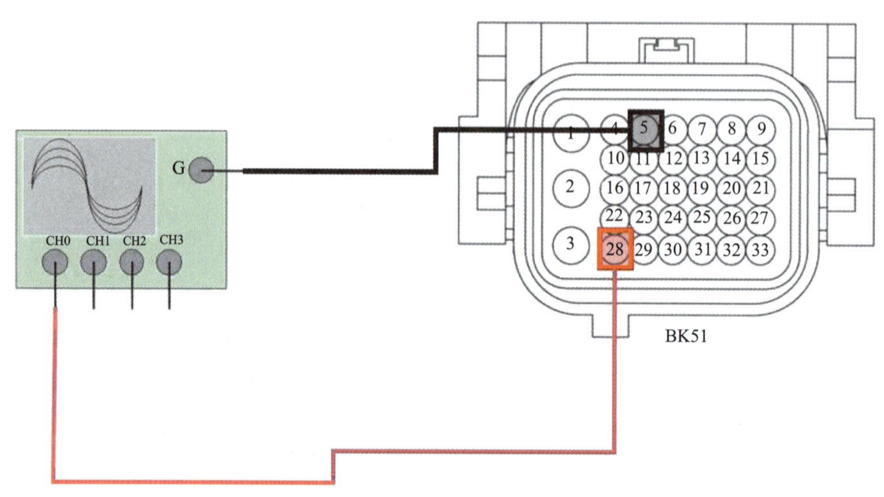

图 2.76 示波器测试接线示意图

（3）电池管理系统正常发出控制预充接触器吸合信号，而预充接触器没有接收到控制吸合信号，说明 BMS BK51/28 端子至 BK45A/21 号端子之间线路存在问题。接下来，断开蓄电池负极，用万用表电阻档测量 BK51/28 端子至 BK45A/21 号端子之间电阻，如图 2.77、图 2.78 所示。测量数值为 153.2 kΩ，数值异常，说明控制线路存在虚接故障。

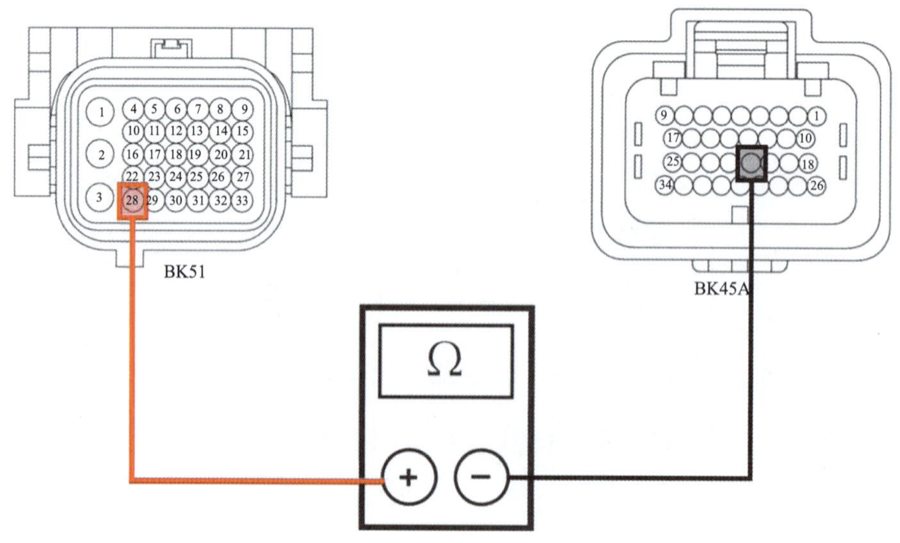

图 2.77 万用表测试接线示意图

图 2.78　测量 BK51/28 端子至 BK45A/21 号端子之间的阻值

<<< 4. 动力电池高压供电系统故障排除与维修总结

1）修复故障

（1）更换故障线束，并连接好所有高低压插头。

（2）连接蓄电池负极，起动车辆，清除并再次读取故障码，发现故障码已清除，车辆恢复正常状态，高压上电成功，如图 2.79、图 2.80 所示。

图 2.79　起动车辆，仪表 OK 灯点亮，高压上电成功

图 2.80　清除并再次读取故障码，故障码已清除，车辆恢复正常

2）维修总结

由于预充接触器控制线路，电池包端 BK51/28 端子至 BMS 端 BK45A/21 号端子之间的线路存在虚接故障，导致电池管理系统无法控制预充接触器正常吸合，从而车辆在上电过程中，电池包无法对电机控制器内部的电容进行预充，车辆报预充失败故障，仪表提示“EV 功能受限”，OK 灯不点亮，车辆无法上高压，无法正常行驶。更换修复故障线束后，高压系统工作正常，故障修复。

实训工单

动力电池高压供电系统故障检修实训工单

<table>
<tr><td>学生姓名</td><td colspan="2"></td><td colspan="2">班级</td><td></td></tr>
<tr><td>车辆信息登记</td><td></td><td>教师评分</td><td colspan="2">实际用时</td><td></td></tr>
<tr><td>项目</td><td colspan="2">内　容</td><td>配分</td><td>得分</td><td>备注</td></tr>
<tr><td>故障现象描述</td><td colspan="2"></td><td>15</td><td></td><td>包含触发条件、仪表现象、功能现象、诊断仪信息等故障现象</td></tr>
<tr><td>通过分析找出故障可能原因</td><td colspan="2"></td><td>20</td><td></td><td>结合故障现象，分析故障初步原因</td></tr>
<tr><td>维修资料查阅</td><td colspan="2"></td><td>10</td><td></td><td>查阅电路图、维修手册，找出故障相关维修说明</td></tr>
<tr><td>过程数据记录</td><td colspan="2"></td><td>20</td><td></td><td>记录故障诊断的测量条件、测量工具、测量数据及相关判断结论</td></tr>
<tr><td>故障点和故障类型</td><td colspan="2"></td><td>15</td><td></td><td>准确记录故障点及类型</td></tr>
<tr><td>故障机理分析</td><td colspan="2"></td><td>20</td><td></td><td>分析故障形成原因及解决方法</td></tr>
</table>

项目3 新能源汽车驱动系统故障检修

项目导学

本项目旨在学习新能源汽车驱动系统故障诊断技术，重点培养学生对驱动电机及其相关系统的故障检修能力，学生将掌握新能源汽车驱动系统综合故障分析与解决方法、故障排除方案的制定与实施，恢复车辆的正常行驶功能。通过学习，学生将具备新能源汽车驱动系统故障的专业诊断知识和检修实操技能，同时让学生养成精益求精、细致入微的工作态度，以及对复杂问题的分析与解决的能力。

任务 3.1　驱动电机及控制系统故障检修

学习目标

知识目标:

1. 掌握驱动电机及控制系统相关电路图查询与识读方法;
2. 掌握驱动电机及控制系统相关部件测量方法及部件好坏的判定方法;
3. 掌握驱动电机及控制系统故障分析方法。

技能目标:

1. 能够通过电路图、维修手册，找到驱动电机及控制系统的相关线束、部件;
2. 能够使用诊断仪，读取驱动电机及控制系统的故障码与数据流;
3. 能够使用正确的诊断测量工具，测量与驱动电机及控制系统相关的工作数值、波形;
4. 能够结合车辆故障现象、故障码、数据流及相关测量数据，找到并修复驱动电机及控制系统故障点。

素质目标:

1. 在驱动电机及控制系统故障检修过程中，培养学生互相学习、彼此合作，共同探索新鲜事物的能力;
2. 通过驱动电机及控制系统故障检修，提高自己对 5S 管理的理解与实践能力。

任务描述

一辆比亚迪秦 EV，行驶了 3 300 km，车辆起动后，无法挂档行驶。作为一名新能源汽车维修工，你如何来解决这一问题呢?

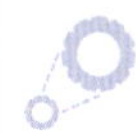

任务梳理

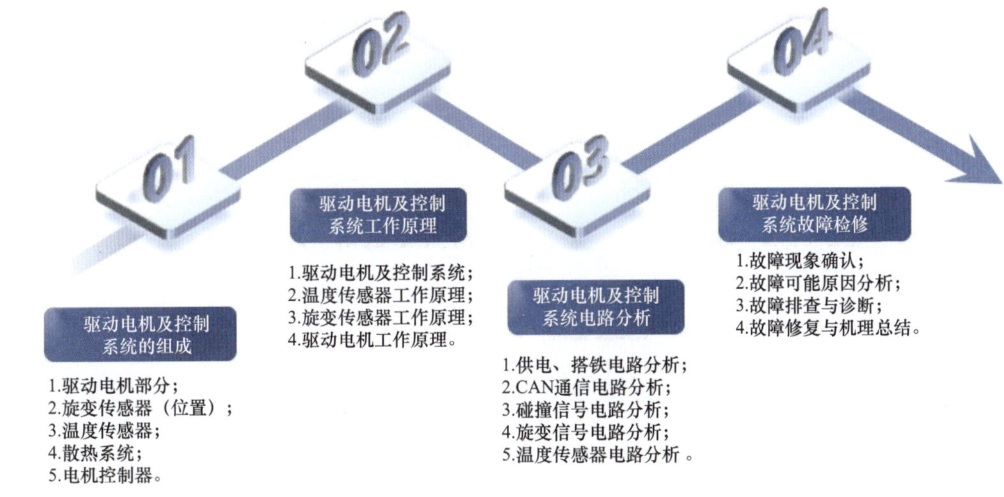

相关知识

3.1.1　驱动电机及控制系统的组成与工作原理

<<< 1. 驱动电机及控制系统的组成

驱动电机结构如图 3.1 所示。

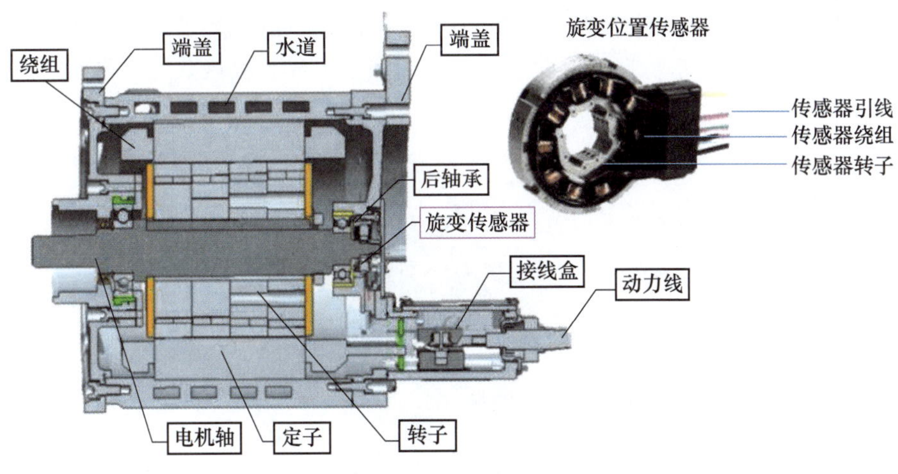

图 3.1　驱动电机结构

（1）驱动电机　主要是为车辆提供行驶动力，同时在减速及制动时进行能量回收并存入动力电池。它主要由定子、转子（含三相绕组）、轴及轴承等组成。

（2）旋变传感器　主要用于检测转子磁极与定子绕组间的空间位置关系，产生位置信号，经过逻辑处理而形成电机控制器内部功率电子开关元件的触发信号。它主要由传感器线圈和传感器转子组成，如图 3.2 所示。

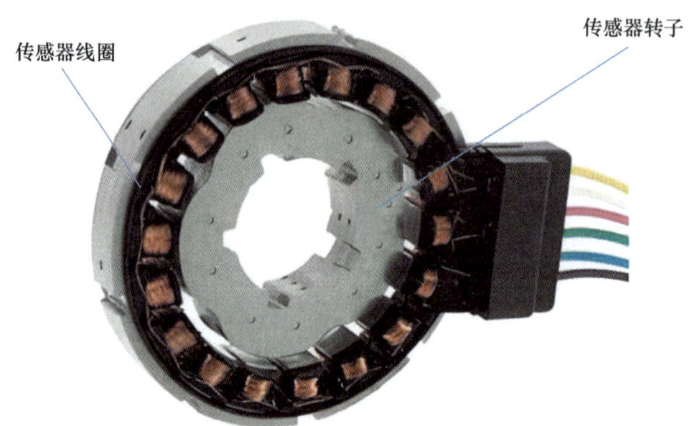

图 3.2　旋变传感器结构

（3）温度传感器　主要用于监测驱动电机及控制系统的温度，并将温度信号转换成电信号输送给电机控制器，它的结构如图 3.3 所示。

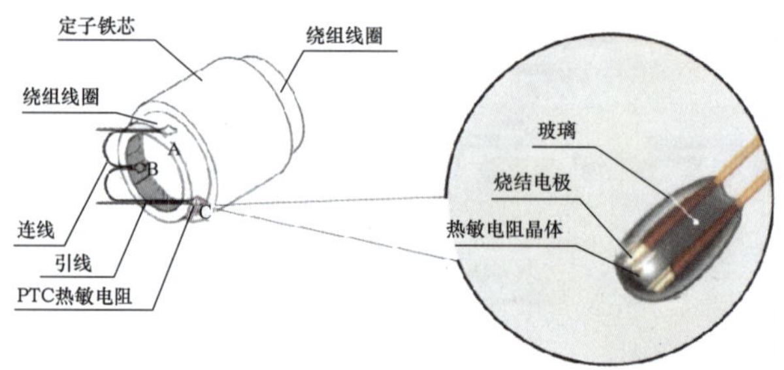

图 3.3　温度传感器结构

（4）散热系统　主要作用是降低驱动电机及控制系统的温度，防止其因温度过高而烧坏。它主要由水道、冷却水管接头、前后端盖、机座等组成。散热系统与驱动电机如图 3.4 所示。

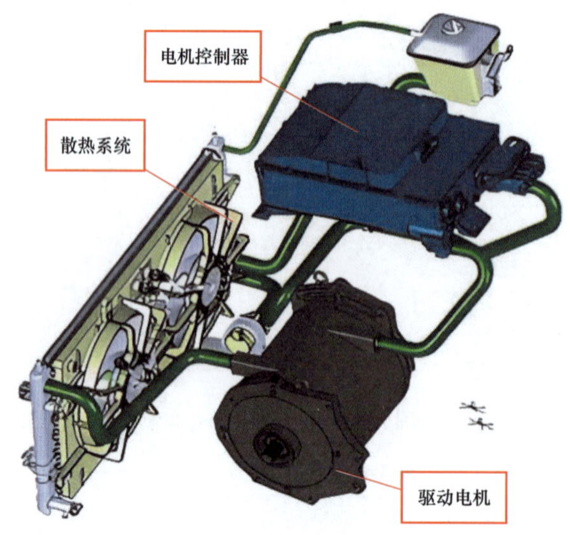

图 3.4　散热系统与驱动电机

（5）电机控制器　电机控制器是永磁同步电机的控制大脑，其安装位置如图 3.5 所示。它综合旋变传感器、温度传感器、电流传感器所提供的电机转子位置、温度、速度和电流等反馈信息及外部输入的命令，通过程序进行分析处理，决定驱动电机控制方式及故障保护措施等，向功率变换器发出执行命令，控制永磁同步电机运行。

图 3.5　电机控制器安装位置

2. 驱动电机及控制系统工作原理

驱动电机及控制系统工作原理方框图如图 3.6 所示。

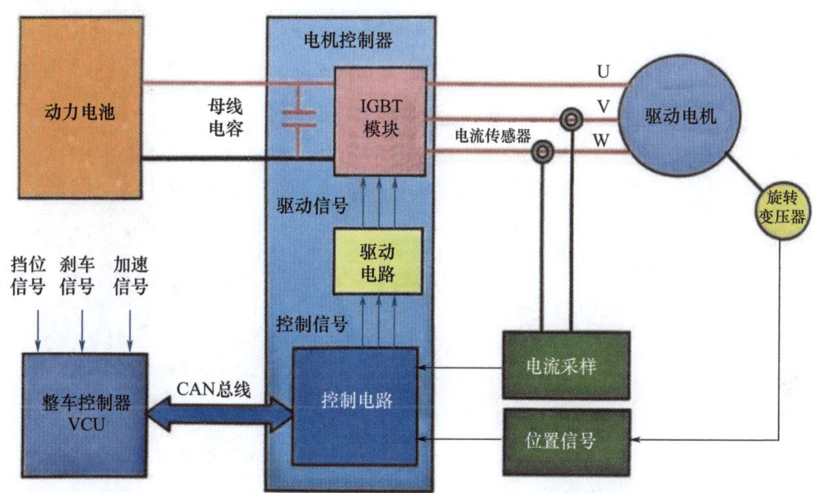

图 3.6　驱动电机及控制系统工作原理方框图

档位信息和加减速踏板信息等驾驶员的操作信息通过信号线传递给整车控制器 VCU，然后 VCU 把操作信息通过 CAN 总线传递给电机控制器。同时，旋转变压器把位置信号传递给电机控制器，电机控制器根据这些信息控制驱动电路生成相应的驱动信号，驱动 IGBT 模块中的晶体管导通或截止，使输入的直流电被最终逆变成频率可调的交流电，并最终作为驱动电机的输入电流，使驱动电机运转。

驾驶员松开加速踏板时，驱动电机会被车辆拖动着旋转，从电动机变为发电机，开始发电。

1）温度传感器工作原理

从图 3.7 中的温度传感器电路可以看出，为了保证驱动电机运行安全，系统设置了两个温度传感器，电机控制器对两个温度传感器信号实时检测并进行比对，从而更精确地去控制电控系统散热。

如果有一个温度传感器出现故障，电机控制器将使用另一个进行替代。如果两个温度传感器同时出现故障，电机控制器将启动整车限功率保护功能，车辆的最高速度及加速性能将受限，同时仪表将点亮限功率指示灯，警示驾驶员尽快维修。

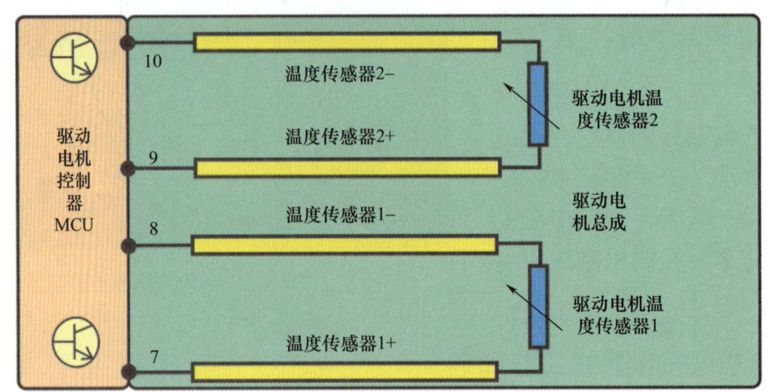

图 3.7　温度传感器电路

当温度降低时，传感器内部的半导体热敏电阻的电阻值增大；反之，当温度升高时，电阻值减小。这种电阻值的变化时刻被电机控制器 MCU 监测，从而可以精确地测量冷却水的温度。

2）旋变传感器工作原理

旋变传感器由转子、定子、线圈、接线端子等组成（图 3.8）。转子安装在驱动电机轴上，且转子上无绕组，初级绕组和次级绕组均在定子上，转子的凸极（裸露极点）将次级正弦变化耦合至角位置，故这种结构称为可变磁阻式旋转变压器，信号特点为副方（次级）输出电压与转子转角呈正弦和余弦函数关系。

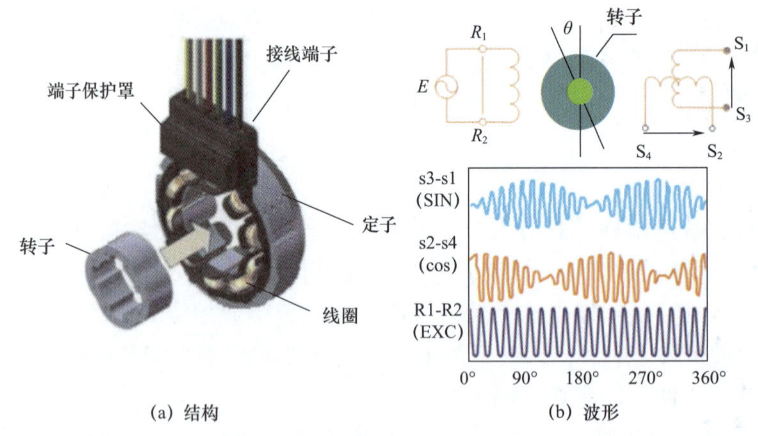

图 3.8　旋变传感器的结构与波形

当激励初级绕组 R_1-R_2 时（图中励磁绕组波形），在两个次级绕组上就会产生一个感应信号 S（图中正弦绕组波形）和另一个感应信号 C（图中余弦绕组波形），由于次级绕组机械错位 90°，两路输出信号彼此间的相位相差 90°。转子输出信号的相位角与转子偏转角之间有着严格的对应关系，控制模块通过初级、次级绕组波形的对比、检测和计算，确定电机通电相。旋变传感器工作逻辑如图 3.9 所示。

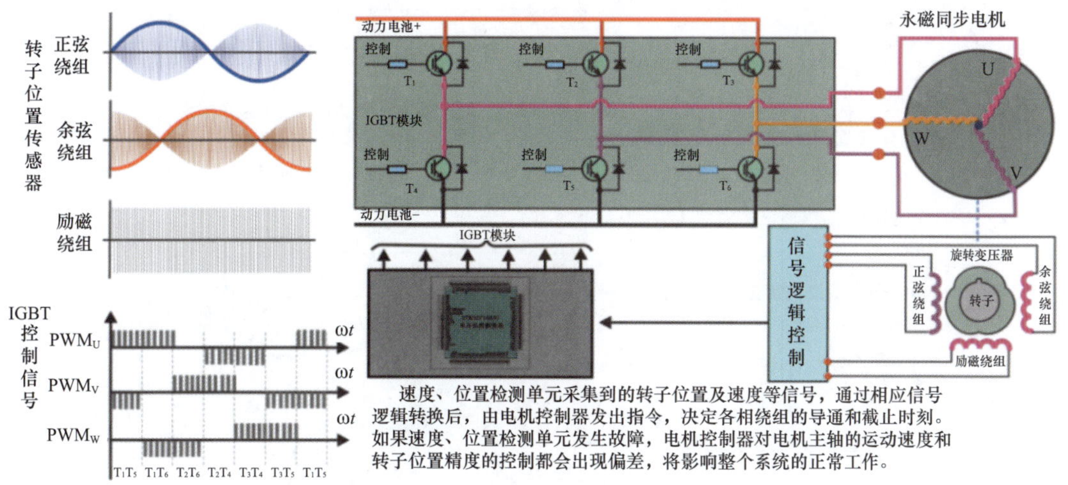

图 3.9 旋变传感器工作逻辑

3）驱动电机工作原理

永磁同步电机由定子、转子构成（图 3.10）。定子采用叠片结构以减小电机运行时的铁耗；转子铁芯大多采用硅钢叠片叠成，不做成实心结构，主要是为了减少涡流及其他损耗，避免高速时转矩降低。

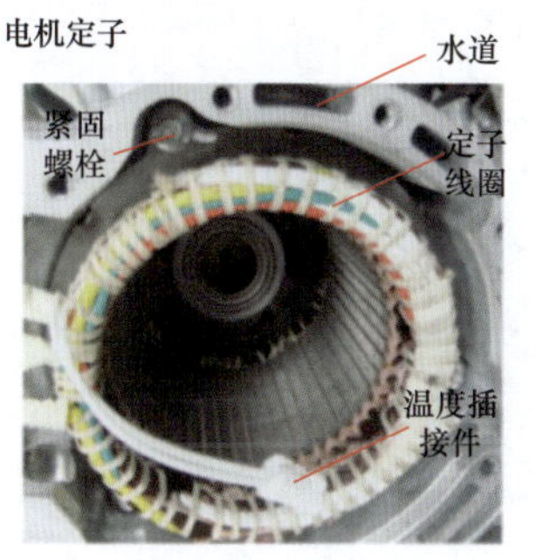

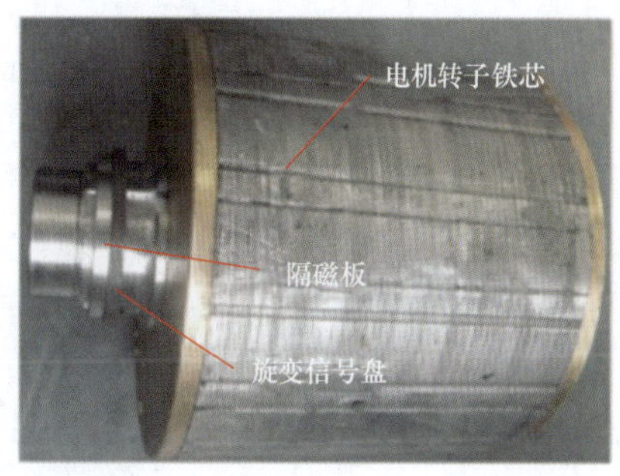

图 3.10 永磁同步电机的结构

永磁同步电机的“同步”是指把永久磁铁制成的转子放在能产生旋转磁场的定子铁芯中，电机的运行需依靠转子位置传感器检测出转子的位置信号，通过换相驱动电路来驱动与电枢绕组连接的各功率开关管的导通与截止，从而控制定子绕组的通电，在定子上产生旋转磁场，带动转子旋转。随着转子的转动，旋变传感器不断地送出信号，电机控制器借此改变电枢的通电状态，使得在同一磁极下的导体中的电流方向不变。因此，就可产生恒定的转矩，使永磁同步电机运转起来。

3.1.2 驱动电机及控制系统电路分析

驱动电机及控制系统电路如图 3.11 所示。

（1）通过 IG3 继电器的输出电源　由 F1/34（10 A）号保险至电机控制器的 B30/10 和 B30/11 号端子，给电机控制器提供起动（信号）电源以及功率电源。如果此电源出现故障，将导致电机控制器起动及 CAN 通信失败，致使整车高压上电失败。

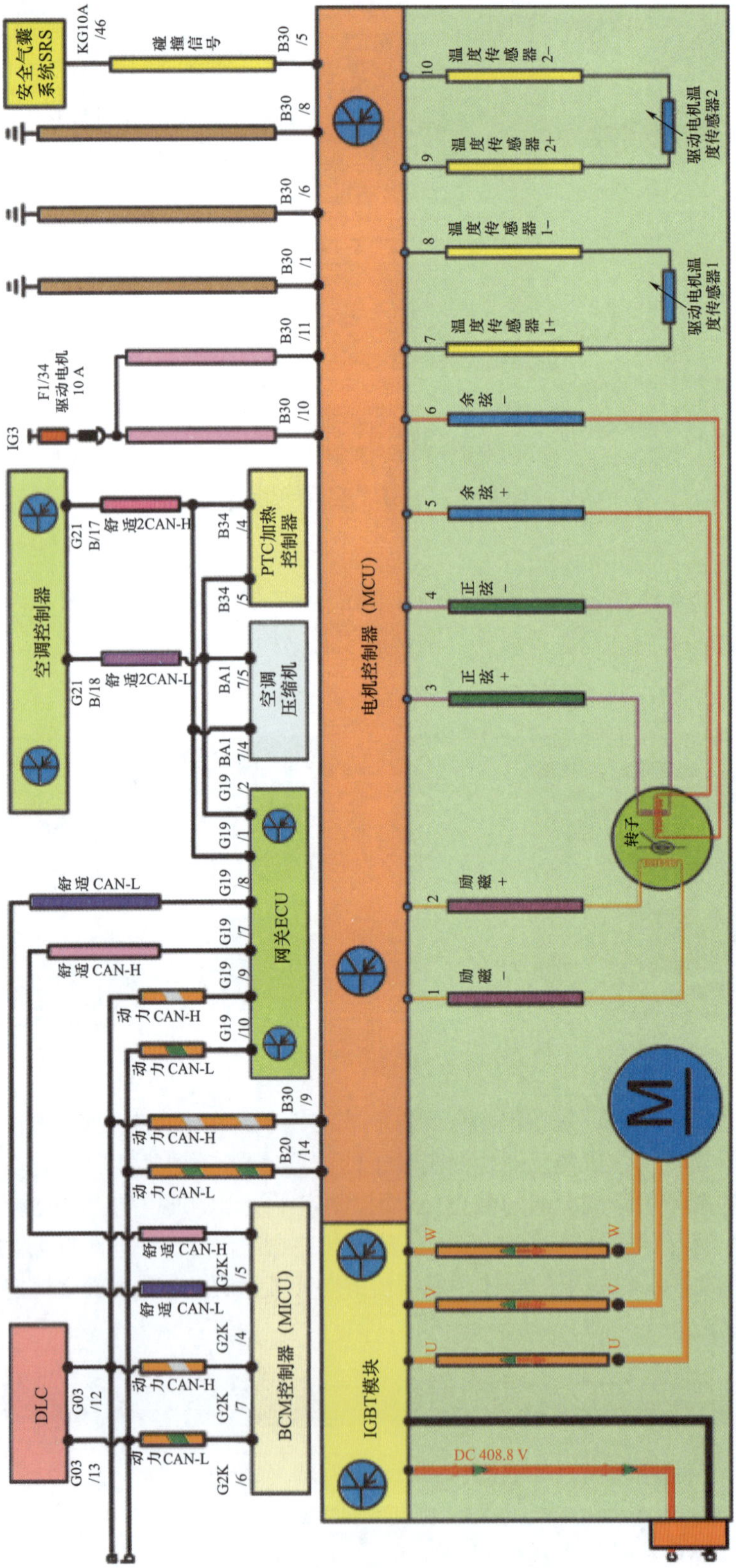

图 3.11　驱动电机及控制系统电路

（2）搭铁电路　电机控制器通过 B30/1、B30/6 号端子至 EB05 号搭铁点搭铁。

（3）CAN 通信　电机控制器通过 B30/14（动力 CAN-L）、B30/9（动力 CAN-H）号端子与动力网的档位传感器、电池管理系统、充配电总成等模块进行通信。

（4）碰撞信号电路　安全气囊系统 SRS 通过 KG10A/46 号端子发送碰撞信号至电机控制器 MCU 的 B30/5 号端子，同时碰撞信号经过 MCU 的 B30/8 号端子至 EB06 号搭铁点搭铁。

说明：旋变传感器及相关线路、温度传感器及相关线路、UVW 三相线均集成在驱动电机内部。其中，励磁绕组（励磁+、励磁-）阻值为 38.8 Ω（1 ± 10%），正弦绕组阻值（正旋+、正旋-）为 56.5 Ω（1 ± 10%），余弦绕组阻值为（余弦+、余弦-）47.4 Ω（1 ± 10%）。

驱动电机及控制系统故障检修

1. 驱动电机及控制系统故障现象确认

打开一键起动开关，仪表点亮，SOC 显示正常，但没有听到高压接触器的工作声，仪表 OK 灯不亮，同时主告警灯、动力系统故障指示灯点亮，文字提示“请检查动力系统，EV 功能受限”。

图 3.12　起动车辆，观察仪表故障现象

2. 故障现象分析

仪表中部提示“请检查动力系统”“EV 功能受限”，根据车辆控制逻辑以及仪表文字提示的关联性和故障等级，“EV 功能受限”包含“请检查动力系统”，所以首先要对“EV 功能受限”信息进行分析。所谓的 EV 功能，就是指车辆高压上电、动力驱动两方面的控制功能。如果高压互锁检测、绝缘检测、单体电池电压/温度检测、电流检测、驱动电机及电机控制器检测、充配电总成检测等出现异常，将导致车辆高压上电失败，同时仪表将点亮主警告灯，

提示“EV 功能受限”。仪表提示“请检查动力系统”，说明动力系统出现故障，而动力控制系统主要包括整车控制器、电机控制器、电池管理系统、充配电总成等。

<<< 3. 驱动电机及控制系统故障诊断步骤解析

1）连接诊断仪读取故障码、数据流

进入车辆，连接诊断接头，通过诊断仪读取车辆故障码、数据流，如图 3.13 ~ 图 3.16 所示。

图 3.13　车辆诊断接口

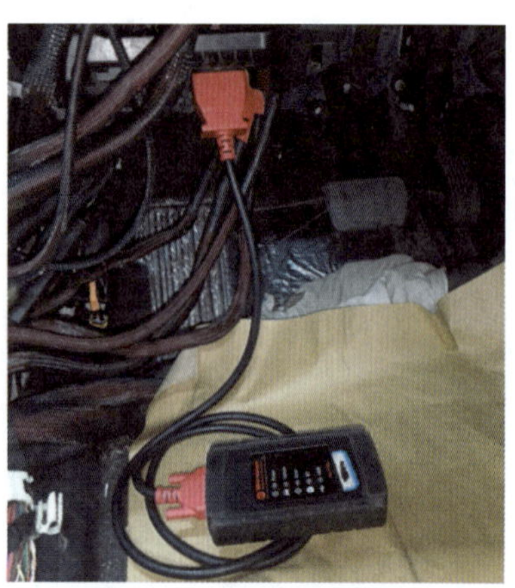

图 3.14　连接诊断接头

图 3.15　读取故障码

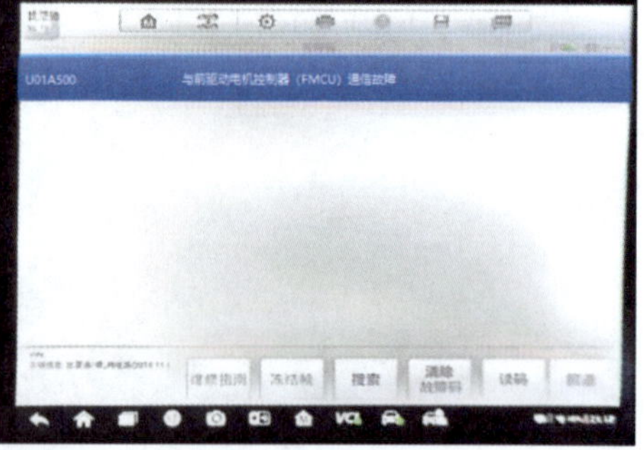

图 3.16　故障码信息

2）故障可能原因分析

结合故障现象分析及诊断仪读取的故障码，可进一步确定故障为电机控制器通信故障。电机控制器通信故障的可能原因为：电机控制器故障、动力网相关线路故障、动力网终端电阻故障、电机控制器供电故障、搭铁故障，如图 3.17 所示。

3）故障诊断及测量

（1）使车辆至 OFF 档，断开蓄电池负极，拔下 B30 插头。重新连接蓄电池负极，使车辆至 START 档，使用示波器测量 B30/9、B30/14 号端子波形。将实测波形与标准波形对比可发现，实测 CAN-H 波形幅值偏低（图 3.18、图 3.19），出现异常。下一步测量电机控制器 CAN 通信线路。

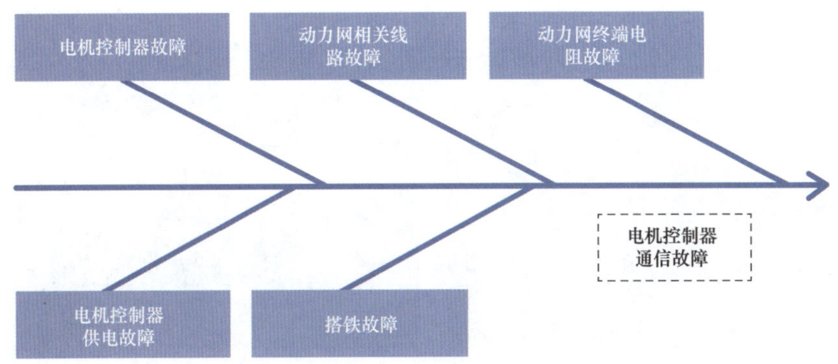

图 3.17 故障可能原因分析

图 3.18 动力 CAN 标准波形

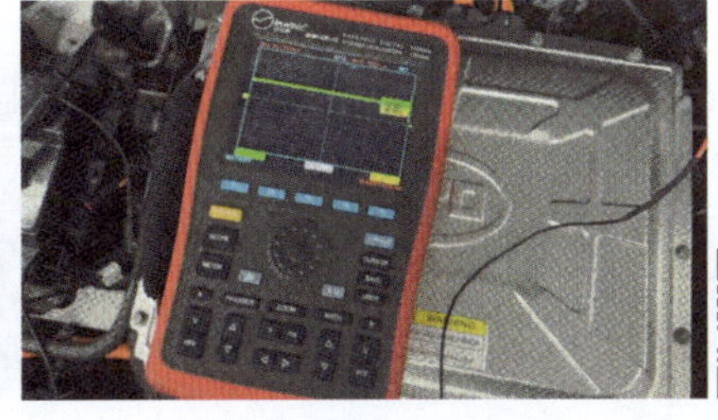

图 3.19 电机控制器动力 CAN 实测波形

（2）使车辆至 OFF 档，断开蓄电池负极，拔下 B30 插头。使用万用表欧姆档测量 B30/9、B30/14 号端子阻值（图 3.20、图 3.21）为 80 Ω，正常，因为标准数值为（60 ± 20）Ω。这说明电机控制器动力 CAN-H、CAN-L 端子线路至动力 CAN-H、CAN-L 线路正常。

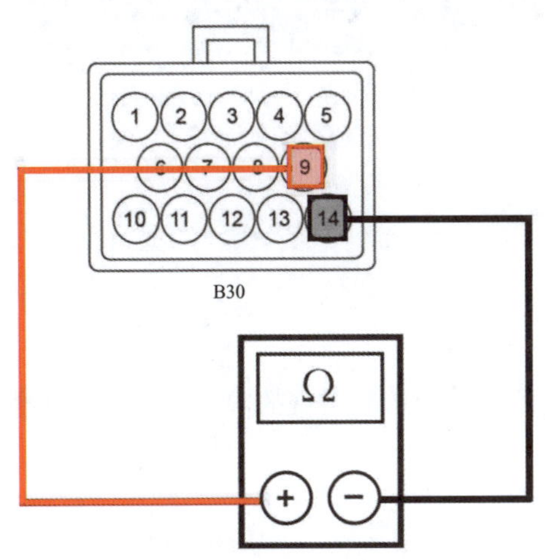

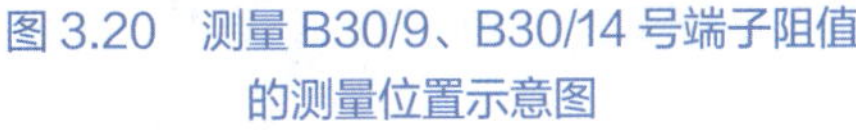

图 3.20 测量 B30/9、B30/14 号端子阻值的测量位置示意图

图 3.21 使用万用表欧姆档测量 B30/9、B30/14 号端子阻值

（3）连接蓄电池负极，起动车辆至 START 档，用万用表电压档测量低压蓄电池电压（图

3.22），值为 13.26 V，正常，因为标准值为 12～14 V。使用万用表电压档测量 F1/34 号保险输出电压（图 3.23），值为 12.46 V，正常，因为标准值为 12～14 V。这说明低压蓄电池至 F1/34 号保险线路供电正常。下一步测量 B30 插头的供电端子电压。

图 3.22　测量蓄电池电压

图 3.23　测量 F1/34 号保险输出电压

（4）使车辆至 START 档，用万用表电压档加上测试针，背插测量 B30/10、B30/11 号端子电压（图 3.24），值为 7.68 V，出现异常，因为标准值为 12～14 V。由于 F1/34 号保险输出端电压值正常，但 B30/10、B30/11 号端子电压过低，说明 B30/10、B30/11 号端子至 F1/34 号保险线路异常，下一步继续排查线路。

（5）使车辆至 OFF 档，断开蓄电池负极，拔下 B30 插头，使用万用表电阻档测量 F1/34 号保险输出端至 B30/10 号端子的线路的电阻（图 3.25），值为 17.4 Ω，出现异常，因为标准值小于 1 Ω。这说明 F1/34 号保险输出端至 B30/10 号端子线路存在虚接故障。

图 3.24　背测 B30/10、B30/11 号端子电压

图 3.25　测量 F1/34 号保险输出端至 B30/10 号端子线路的电阻

<<< 4. 驱动电机及控制系统故障排除与维修总结

1）修复故障

（1）更换、修复故障线束，并连接好所有高低压插头。

（2）连接蓄电池负极，起动车辆，清除并再次读取故障码，发现故障码已清除，车辆恢复正常状态，高压上电成功。

2）维修总结

由于 MCU 的供电线路虚接，导致 MCU 供电电压低于标准值，电机控制器无法正常工作，车辆无法正常进行模块认证工作，所以打开一键起动开关后，电机控制器通信异常，模块认证未通过，高压系统上电失败。

实训工单

驱动电机及控制系统故障检修实训工单

学生姓名				班级		
车辆信息登记		教师评分		实际用时		
项目	内　容			配分	得分	备注
故障现象描述				15		包含触发条件、仪表现象、功能现象、诊断仪信息等故障现象
通过分析找出故障可能原因				20		结合故障现象，分析故障初步原因
维修资料查阅				10		查阅电路图、维修手册，找出故障相关维修说明
过程数据记录				20		记录故障诊断的测量条件、测量工具、测量数据及相关判断结论
故障点和故障类型				15		准确记录故障点及类型
故障机理分析				20		分析故障形成原因及解决方法

任务 3.2　驱动电机热管理系统故障检修

学习目标

知识目标:

1. 掌握电机热管理系统电路图查询与识读方法；
2. 掌握电机热管理系统相关部件的测量方法及部件好坏判定方法；
3. 掌握电机热管理系统故障的分析方法。

技能目标:

1. 能够通过电路图、维修手册，找到电机热管理系统相关的线束、部件；
2. 能够通过观察车辆仪表状态、故障码、数据流等信息，初步判断电机热管理系统故障的可能原因；
3. 能够使用诊断仪，读取电机热管理系统相关的故障码与数据流；
4. 能够使用正确的诊断测量工具，测量电机热管理系统相关的模块线束等元器件的工作数值、波形；
5. 能够结合车辆故障现象、故障码、数据流及相关测量数据，找到并修复电机热管理系统故障的故障点。

素质目标:

1. 在电机热管理系统故障检修过程中，培养学生互相学习、彼此合作，共同探索新鲜事物的能力；
2. 通过电机热管理系统故障检修，提高自己对 5S 管理的理解与实践能力。

任务描述

一辆比亚迪秦 EV 行驶 51 000 km，在急加速或行驶一段路后出现风扇不转、电机冷却液温度过高问题。作为一名新能源汽车维修工，你如何来解决这一问题呢?

任务梳理

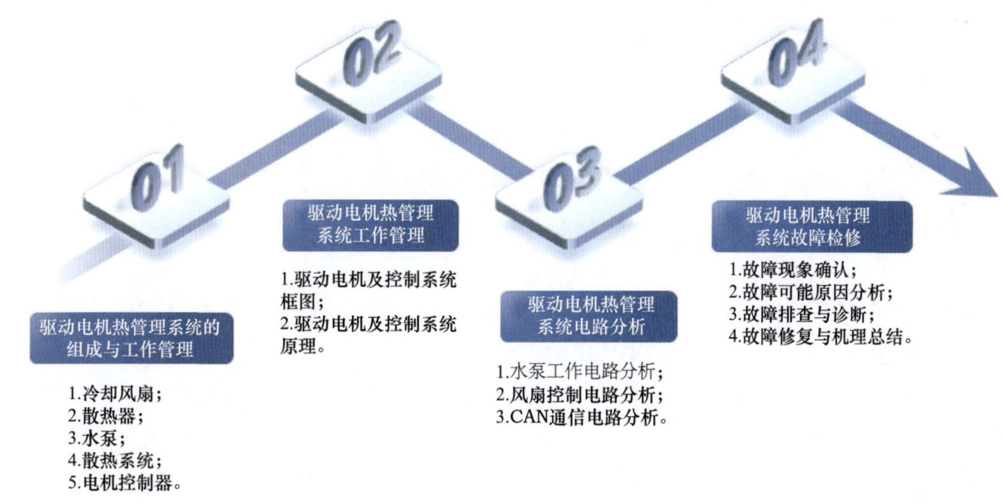

相关知识

3.2.1 驱动电机热管理系统的组成与工作原理

1. 驱动电机热管理系统的组成

驱动电机热管理系统框图如图 3.26 所示。

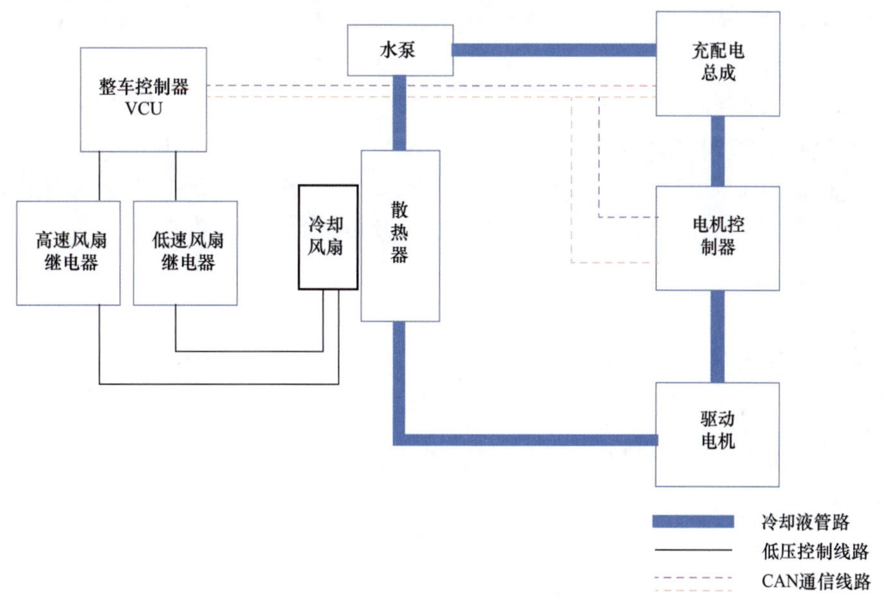

图 3.26 驱动电机热管理系统框图

（1）冷却风扇　冷却风扇组件位于散热器的内侧，用来提高通过散热器芯的空气流速，增强散热器的散热能力，加速冷却液的冷却。冷却风扇由整车控制器 VCU 控制，驱动电机和电机控制器的温度都会影响冷却风扇的转速。

（2）散热器　散热器是冷却系统的一部分，根据散热器的结构形式可分为直流型和横流型两种。

（3）水泵　水泵的功用是对冷却液加压，保证其在冷却系统中循环流动。水泵是整个冷却系统唯一的动力元件，负责为冷却液的循环提供机械能。

<<< 2. 驱动电机热管理系统的工作原理

驱动电机冷却系统冷却液管路连接了驱动电机、电机控制器、充配电总成三个部件。车辆起动时，IG3 继电器吸合，水泵得电开始工作。

水泵给整个冷却系统进行加压，保证冷却液在冷却管路中流通。散热器安装在车头进气格栅位置，由整车控制器 VCU 通过高速风扇继电器、低速风扇继电器控制风扇进行高速或低速旋转。同时，整车控制器 VCU 通过动力 CAN 获取充配电总成与电机控制器内的冷却液温度。当冷却液温度低于 45℃时，风扇不转。当冷却液温度高于 45℃时，风扇开始低速运转。当冷却系统出现故障时，比如动力 CAN 通信故障、整车控制器 VCU 供电故障、水泵不工作等，冷却风扇将会高速运转。

3.2.2　驱动电机热管理系统电路分析

<<< 1. 冷却风扇（两档风扇）的控制

冷却风扇控制电路如图 3.27 所示。

常电经过 F1/40 保险，分两路，一路通过 K1-11 低速风扇继电器开关端（30、87）给两档风扇供电，控制风扇低速运转；另一路通过 K1-2 高速风扇继电器开关端（30、87）给两档风扇供电，控制风扇高速运转。其中，整车控制器 VCU 通过控制 GK49/19 号端子产生低电位，让 K1-11 低速风扇继电器吸合，反之，GK49/19 号端子为高电位时，继电器断开。同理，整车控制器 VCU 通过控制 GK49/32 号端子的电位变化，让 K1-2 高速风扇继电器处于吸合或断开状态。两档风扇通过 B14C/3 号端子至 EB04 号搭铁点搭铁。

<<< 2. 水泵的控制

水泵控制电路如图 3.28 所示。

来自 IG3 继电器的电经过 F1/11 保险，进入电机冷却水泵 B43/1 号端子，给电机冷却水泵供电，电机冷却水泵通过 B43/3 号端子至 EB03-2 号搭铁点搭铁。

<<< 3. CAN 通信电路

整车控制器 VCU 通过 GK49/21 号端子（动力 CAN-H）、GK49/22 号端子（动力 CAN-L），与充配电总成的 BK46/17 号端子（动力 CAN-L）、BK46/16 号端子（动力 CAN-H）

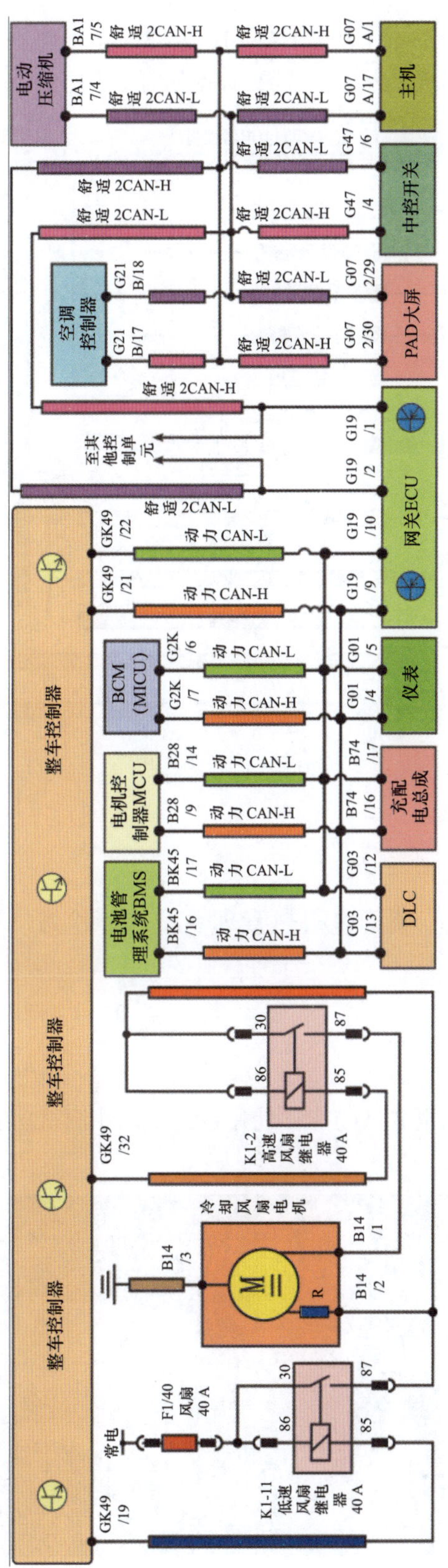

图 3.27 冷却风扇控制电路

以及电机控制器的 B30/9 号端子（动力 CAN-H）、B30/14 号端子（动力 CAN-L）进行通信，收集驱动电机及控制器与充配电总成的温度信号等信息。

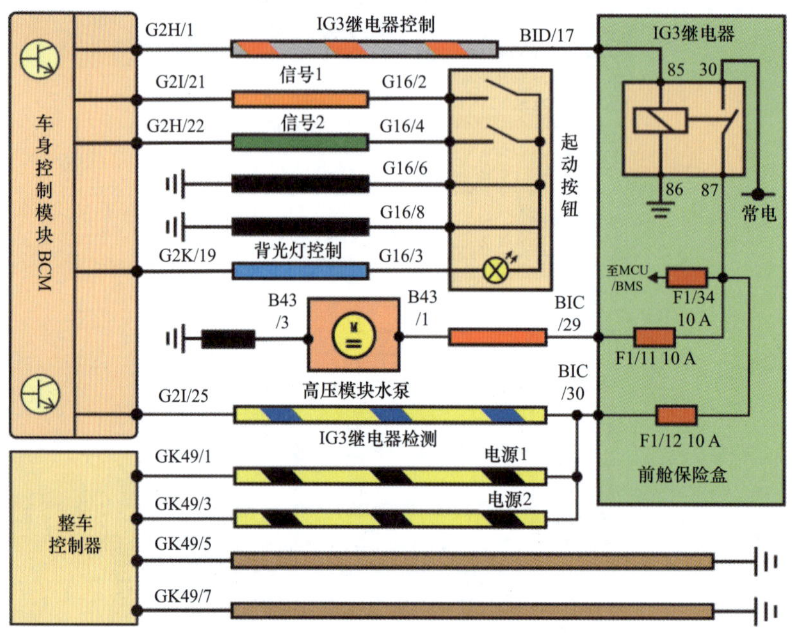

图 3.28　水泵控制电路

驱动电机热管理系统故障检修

任务实施步骤：

<<< 1. 驱动电机热管理系统故障现象确认

连接诊断仪，起动车辆至 START 档，使用诊断仪动作测试功能驱动散热风扇（图 3.29），散热风扇无法转动。

图 3.29　通过诊断仪动作测试功能驱动散热风扇

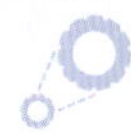

<<< 2. 故障现象分析

通过诊断仪驱动散热风扇，散热风扇不转，故障可能原因（图 3.30）为：① 诊断仪故障；② 散热风扇控制模块局部故障；③ 散热风扇 F1/40 号保险故障；④ 散热风扇控制继电器 K1-11 故障；⑤ 散热风扇本身故障；⑥ 相关线路故障。

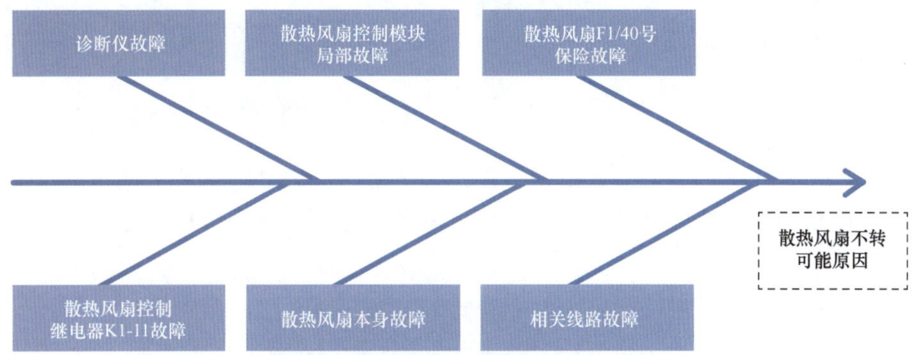

图 3.30　故障可能原因分析

<<< 3. 驱动电机热管理系统故障诊断步骤解析

（1）使车辆至 OFF 档，断开蓄电池负极，将 K1-11 继电器连接上继电器测量三通工具（图 3.31）。重新连接蓄电池负极，起动车辆至 START 档。测量继电器 K1-11/86 号端子电压（图 3.32），测量值为 13.79 V，正常，因为标准值为 12 ~ 14 V，说明包括 F1/40 保险在内的继电器 K1-11 线圈供电线路正常，继电器线圈供电正常。

图 3.31　连接继电器三通测量工具

图 3.32　测量继电器 K1-11/86 号端子电压

（2）起动车辆至 START 档，同时使用诊断仪动作测试功能驱动散热风扇，测量继电器 K1-11/85 号端子电压（图 3.33），测量值为 0.002 V，正常，因为标准值为<1 V，说明 VCU GK49/19 号端子正常，能够产生低电平，控制继电器 K1-11 吸合。

（3）起动车辆至 START 档，测量继电器 K1-11/30 号端子电压，电压值为 13.80 V，正常，因为标准值为 12 ~ 14 V。

（4）起动车辆至 START 档，同时使用诊断仪动作测试功能驱动散热风扇，测量继电器 K1-11/87 号端子电压（图 3.34），测量值为 13.78 V，正常，因为标准值为 12 ~ 14 V，说明继电器正常吸合，无故障。故障可能是散热风扇故障，接下来测量散热风扇。

图 3.33　测量继电器 K1-11/85 号端子电压

图 3.34　测量 K1-11/87 号端子电压

（5）使车辆至 OFF 档，断开蓄电池负极，拔下散热风扇 B14 插头，测量 B14/1、B14/2 端子之间的阻值（图 3.35），测量值为无穷大，异常，说明散热风扇内部定子绕组有故障。

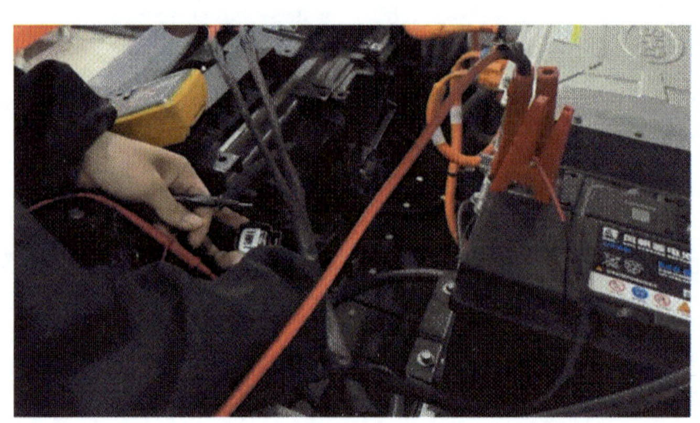

图 3.35　测量 B14/1、B14/2 号端子之间的阻值

<<< 4. 驱动电机热管理系统故障排除与维修总结

1）修复故障

（1）更换散热风扇，并连接好所有高压、低压插头。

（2）连接蓄电池负极，起动车辆，清除并再次读取故障码，发现故障码已清除，车辆恢复正常状态，高压上电成功，风扇可以正常转动。

2）维修总结

由于散热风扇故障，导致驱动电机热管理系统的散热风扇无法工作，所以车辆长时间行驶、工作后，热管理系统冷却液温度过高。更换新的散热风扇后，风扇及热管理系统工作正常，冷却液温度回归正常。

实训工单

驱动电机热管理系统故障检修实训工单

学生姓名			班级		
车辆信息登记		教师评分		实际用时	
项目	内　容		配分	得分	备注
故障现象描述			15		包含触发条件、仪表现象、功能现象、诊断仪信息等故障现象
通过分析找出故障可能原因			20		结合故障现象，分析故障初步原因
维修资料查阅			10		查阅电路图、维修手册，找出故障相关维修说明
过程数据记录			20		记录故障诊断的测量条件、测量工具、测量数据及相关判断结论
故障点和故障类型			15		准确记录故障点及类型
故障机理分析			20		分析故障形成原因及解决方法

任务 3.3　驱动电机逆变系统故障检修

学习目标

知识目标：

1. 掌握驱动电机逆变系统相关的部件测量方法及部件好坏的判定方法；
2. 掌握驱动电机逆变系统相关故障的分析方法。

技能目标：

1. 能够找到驱动电机逆变系统相关的线束、部件；
2. 能够使用诊断仪读取驱动电机逆变系统相关的故障码与数据流；
3. 能够使用正确的诊断测量工具，测量驱动电机逆变系统相关的工作数值、波形；
4. 能够结合车辆故障现象、故障码、数据流及相关测量数据，找到并修复驱动电机逆变系统故障的故障点。

素质目标：

1. 在驱动电机逆变系统故障检修过程中，培养学生互相学习、彼此合作，共同探索新鲜事物的能力。
2. 通过驱动电机逆变系统故障检修，提高自己对 5S 管理的理解与实践能力。

任务描述

京浩购买了一辆二手比亚迪秦 EV，使用了一段时间后发现起动车辆，挂档后无法正常行驶。作为一名新能源汽车维修工，你如何来解决这一问题呢？

任务梳理

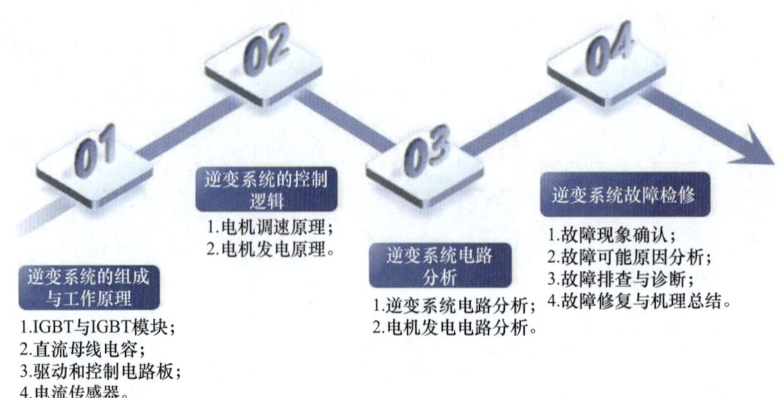

3.3.1 驱动电机逆变系统的组成

逆变系统是连接电源和电机绕组的开关部件，通过它将电源能量送入电机，也可将电机内的磁场储能反馈回电源，其功率变换电路所用的开关部件有 IGBT、续流二极管等，如图 3.36 所示。

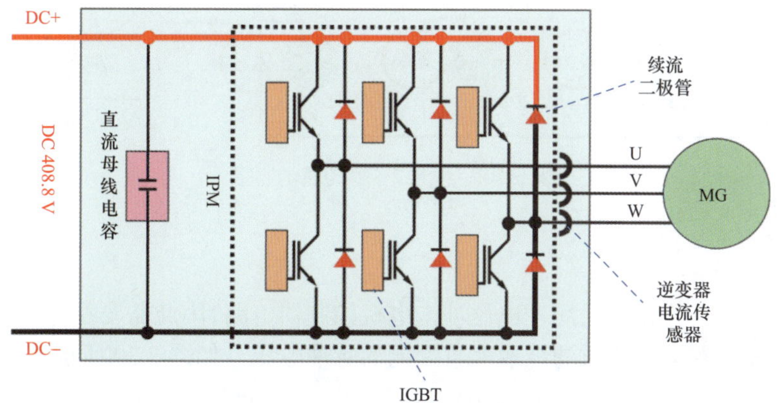

图 3.36 驱动电机控制系统逆变系统结构

<<< 1. IGBT 和 IGBT 模块

IGBT(绝缘栅双极型晶体管)是由 BJT(双极型三极管)和 MOS(绝缘栅场效应管)组成的复合全控型电压驱动式功率半导体器件，兼有 MOSFET 的高输入阻抗和 GTR 的低导通压降两方面的优点。

IGBT 模块是由 IGBT（绝缘栅双极型晶体管）芯片与 FWD（续流二极管）芯片通过特定的电路桥接封装而成的。IGBT 模块具有节能、安装维修方便、散热稳定等特点，当前市场上销售的多为此类模块化产品，一般所说的 IGBT 也指 IGBT 模块，如图 3.37 所示。

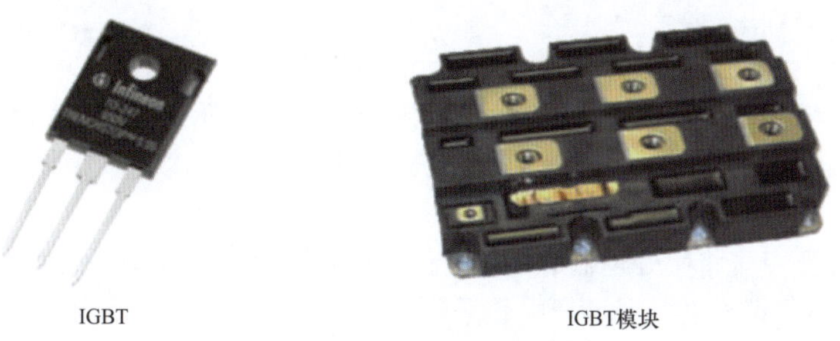

图 3.37 IGBT 和 IGBT 模块实物图

续流二极管如图 3.38 中圈示位置所示。它在电路中用来保护元件不被感应电压击穿或烧坏，以并联的方式连接到产生感应电动势的元件两端，并与其形成回路，使其产生的高电动势在回路中以续电流方式消耗，从而起到保护电路中的元件不被损坏的作用。同时在电机控制电路中，续流二极管还作为整流二极管使用，将电机输出的交流电整流为直流电，输送至动力电池，为动力电池充电。

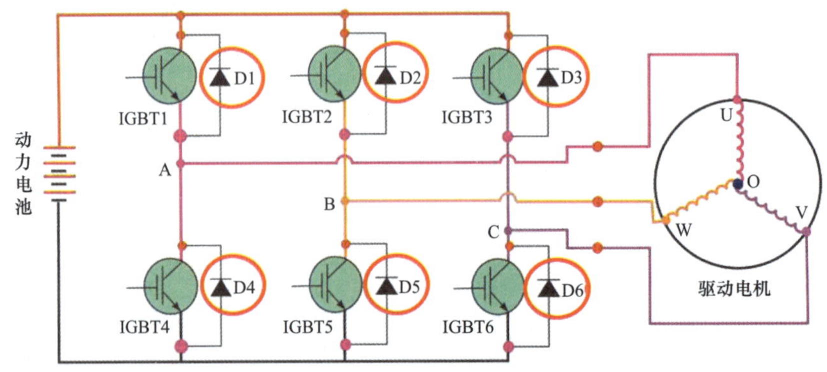

图 3.38　续流二极管电路结构图

<<< 2. 直流母线电容

由于直流电会产生很高的脉冲电压冲击电机控制器电路，因此需要在电机控制器的输入电源端连接一个母线电容来过滤掉输入直流电的脉冲电压，如图 3.39 所示。

图 3.39　直流母线电容

直流母线电容的作用如下：

（1）平滑直流母线电压，使电机控制器的母线电压在 IGBT 开关时仍比较平滑。

（2）降低电机控制器 IGBT 端到动力电池端线路的电感参数，削弱母线的尖峰电压。

（3）吸收电机控制器母线端的高脉冲电流。

（4）防止母线端电压的过充和瞬时电压对电机控制器造成损坏。

<<< 3. 驱动和控制电路板

控制电路主要包括监测电路（负责监测电机的电流、电压、转速、温度等）、保护电路、通信电路（负责与整车控制器、电池管理系统等外部控制单元数据交互），其实物如图 3.40 所示。

驱动电路主要负责将微处理器对电机的控制信号转换为驱动功率变换器的驱动信号，主要由电源芯片、6 个驱动芯片及高压电压采集电路、温度采集电路等组成，其实物如图 3.41 所示。

<<< 4. 电流传感器

电流传感器用于检测电机工作的实际电流，其实物如图 3.42 所示。

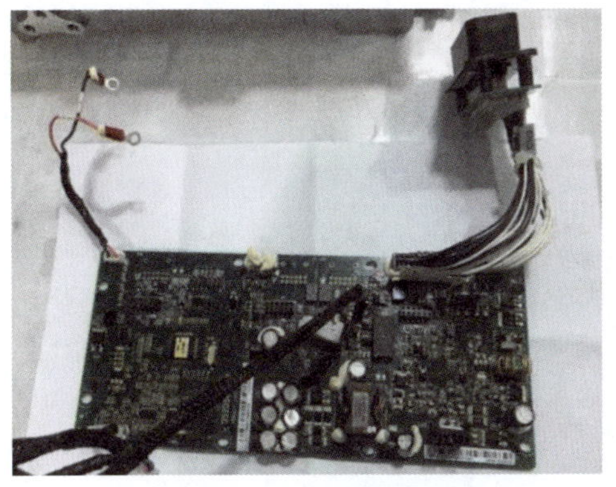

图 3.40 控制电路

图 3.41 驱动电路

图 3.42 电流传感器

3.3.2 电机逆变系统的工作原理

电机逆变系统的工作原理如表 3.1 所示。

表 3.1 电机逆变系统的工作原理

电　路	说　明
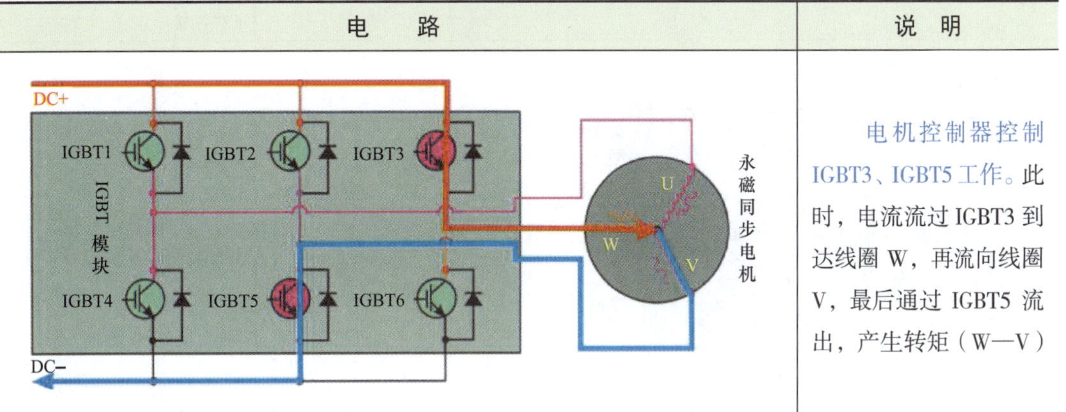	电机控制器控制 IGBT3、IGBT5 工作。此时，电流流过 IGBT3 到达线圈 W，再流向线圈 V，最后通过 IGBT5 流出，产生转矩（W—V）

续表

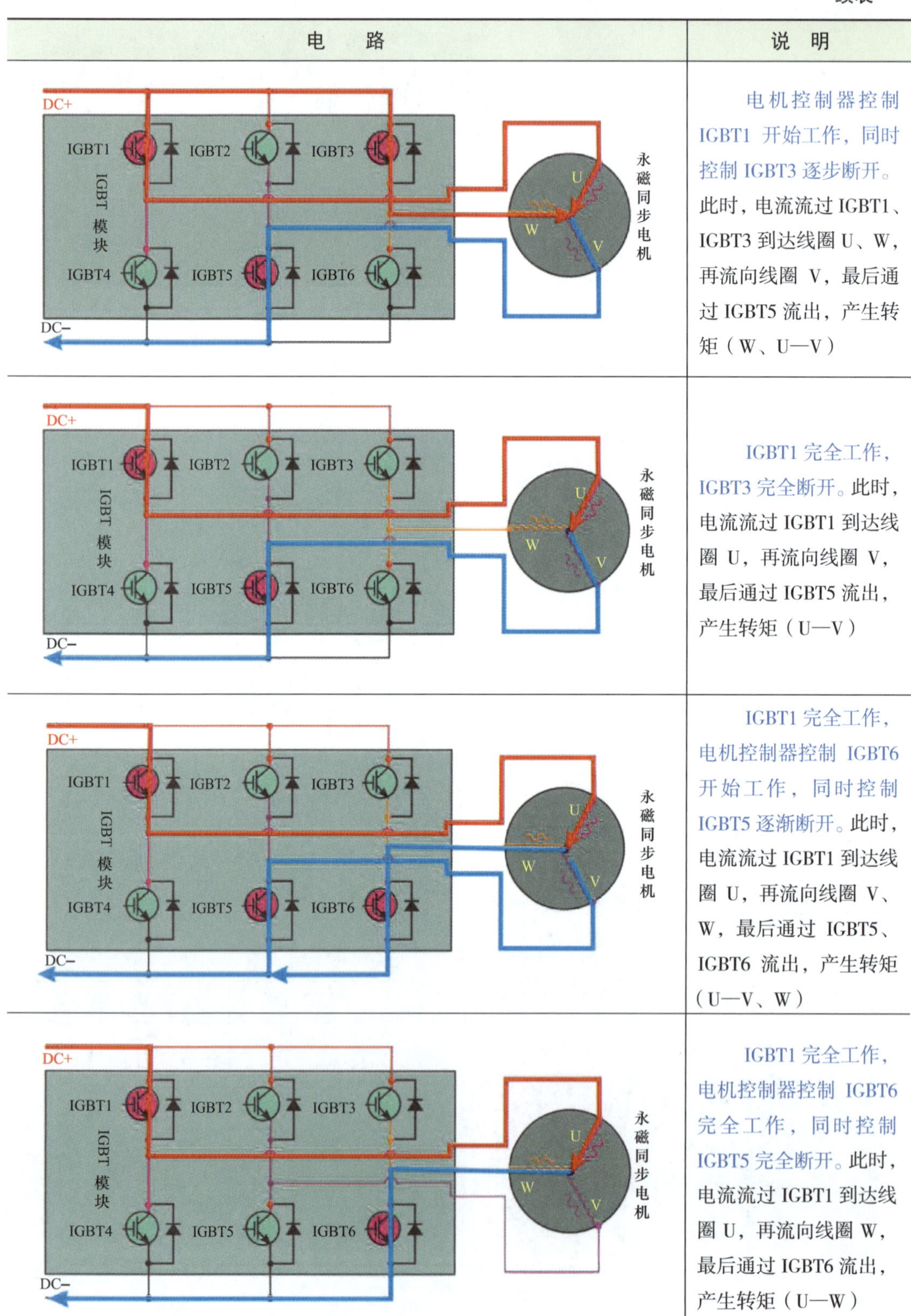

电　路	说　明
	电机控制器控制 IGBT1 开始工作，同时控制 IGBT3 逐步断开。此时，电流流过 IGBT1、IGBT3 到达线圈 U、W，再流向线圈 V，最后通过 IGBT5 流出，产生转矩（W、U—V）
	IGBT1 完全工作，IGBT3 完全断开。此时，电流流过 IGBT1 到达线圈 U，再流向线圈 V，最后通过 IGBT5 流出，产生转矩（U—V）
	IGBT1 完全工作，电机控制器控制 IGBT6 开始工作，同时控制 IGBT5 逐渐断开。此时，电流流过 IGBT1 到达线圈 U，再流向线圈 V、W，最后通过 IGBT5、IGBT6 流出，产生转矩（U—V、W）
	IGBT1 完全工作，电机控制器控制 IGBT6 完全工作，同时控制 IGBT5 完全断开。此时，电流流过 IGBT1 到达线圈 U，再流向线圈 W，最后通过 IGBT6 流出，产生转矩（U—W）

续表

电　路	说　明
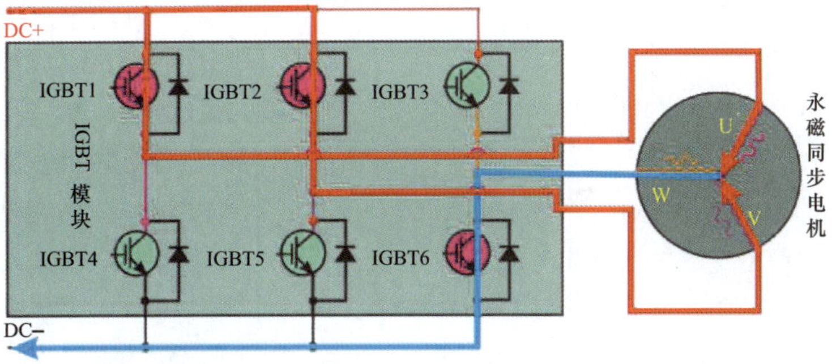	电机控制器控制 IGBT1 逐步断开，同时控制 IGBT2 开始工作。此时，电流流过 IGBT1、IGBT2 到达线圈 U、V，再流向线圈 W，最后通过 IGBT6 流出，产生转矩（U、V—W）
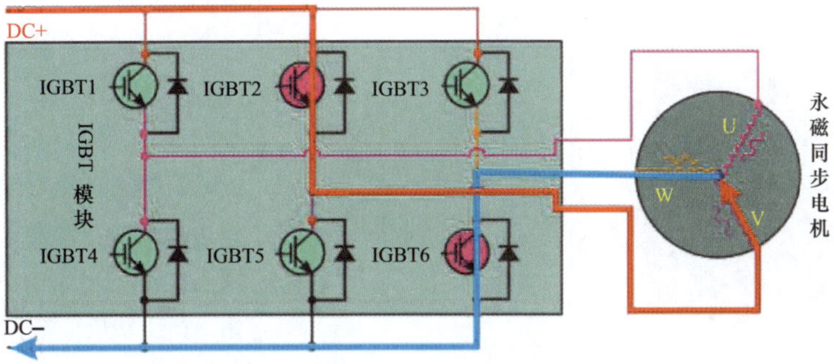	电机控制器控制 IGBT1 完全断开，同时控制 IGBT2 完全工作。此时，电流流过 IGBT2 到达线圈 V，再流向线圈 W，最后通过 IGBT6 流出，产生转矩（V—W）
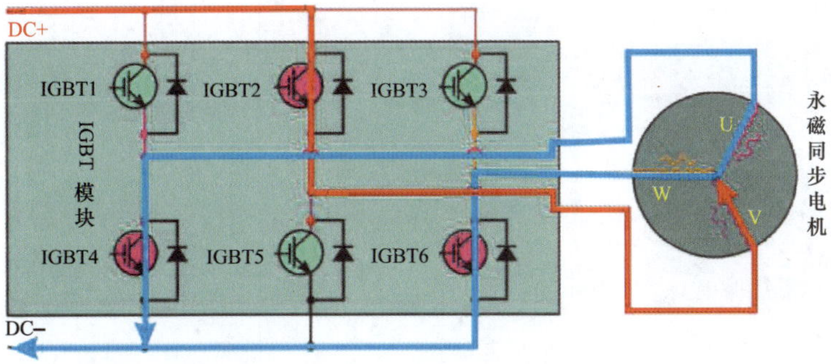	电机控制器控制 IGBT4 开始工作，同时控制 IGBT6 断开。此时，电流流过 IGBT2 到达线圈 V，再流向线圈 U、W，最后通过 IGBT6、IGBT4 流出，产生转矩（V—U、W）
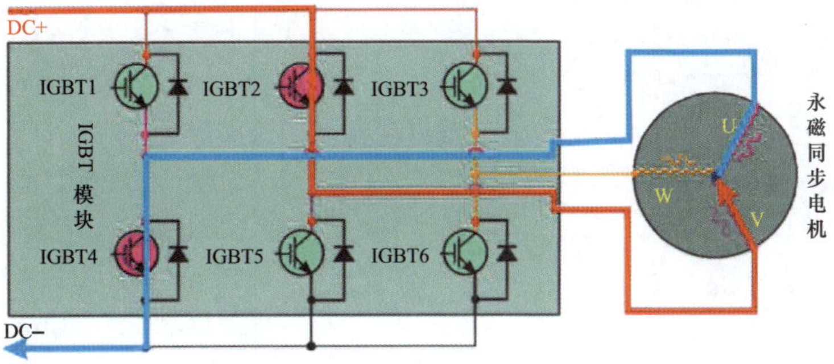	电机控制器控制 IGBT6 完全断开，同时控制 IGBT4 完全工作。此时，电流流过 IGBT2 到达线圈 V，再流向线圈 U，最后通过 IGBT4 流出，产生转矩（V—U）

续表

电 路	说 明
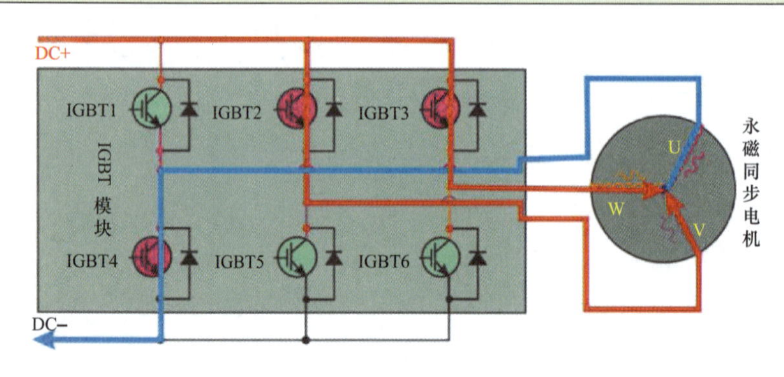	电机控制器控制IGBT2断开，同时控制IGBT3开始工作。此时，电流流过IGBT2、IGBT3到达线圈 W、V，再流向线圈 U，最后通过IGBT4 流出，产生转矩（W、V—U）
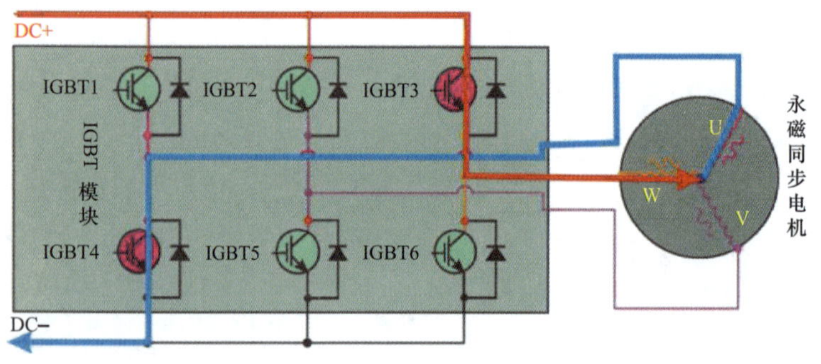	电机控制器控制IGBT2 完全断开，同时控制 IGBT3 完全工作。此时，电流流过 IGBT3到达线圈 W，再流向线圈 U，最后通过 IGBT4 流出，产生转矩（W—U）
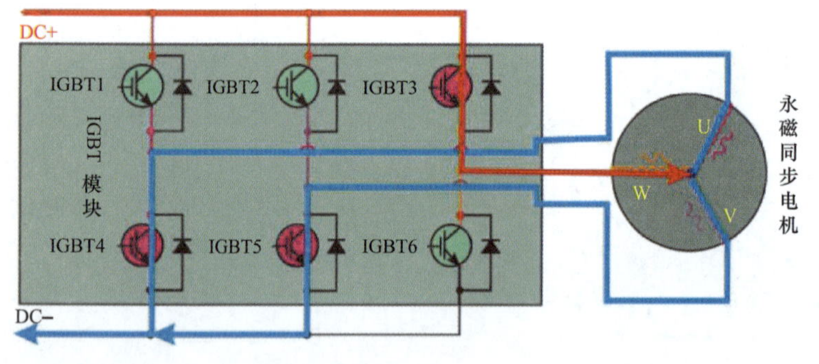	电机控制器控制IGBT4 断开，同时控制IGBT5 开始工作。此时，电流流过 IGBT3 到达线圈 W，再流向线圈 U、V，最后通过 IGBT4、IGBT5 流出，产生转矩（W—U、V）
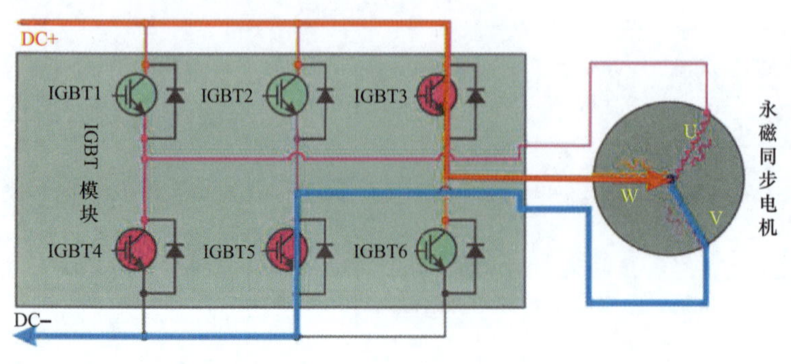	电机控制器控制IGBT4 完全断开，同时控制 IGBT5 完全工作。此时，电流流过 IGBT3到达线圈 W，再流向线圈 V，最后通过 IGBT5流出，产生转矩（W—V）

1. 电机调速原理

转速控制一般通过控制 IGBT 的导通频率来改变。转矩与绕组中流过的电流有关，通常通过 IGBT 导通的占空比进行控制。电流越大，电磁力矩就越大；从而推动转矩变大；转矩变大了，转速自然而然地就变大了。

2. 驱动电机发电原理

如图 3.43 所示，在发电状态时，利用主控板的控制信号将功率主电路上半桥的功率管 IGBT1、IGBT2、IGBT3 全关闭，而下半桥的功率管 IGBT4、IGBT5、IGBT6 分别按一定规律进行 PWM 控制，这样，因上半桥续流二极管的存在，其等效电路视同一个半控整流电路。

另外，因电动汽车的电源是动力电池，电机开始发电工作后，其发电电压必须高于动力电池电压才能给动力电池供电，所以需要采用半控整流的 PWM 升压工作原理，即产生泵升电压，当泵升电压高于动力电池的端电压时就能给动力电池充电，这一过程全部由电机控制器控制。

在驱动电机控制过程中，电机的降速和停机都是通过逐渐减小频率来实现的，在频率减小的瞬间，电机的同步转速随之下降，而由于机械惯性（车辆惯性）的原因，电机的转子转速暂时未变，当同步转速小于转子转速时，转子电流的相位几乎改变了 180°，电机从电动状态变为发电状态；与此同时，电机轴上的转矩变成了制动转矩，使电机的转速迅速下降，电机处于再生制动状态。电机再生的电流经续流二极管全波整流后反馈到直流电路，通过控制器本身的电容、电感吸收，使电容、电感短时间内电荷堆积，形成“泵升电压”，促使电压升高。

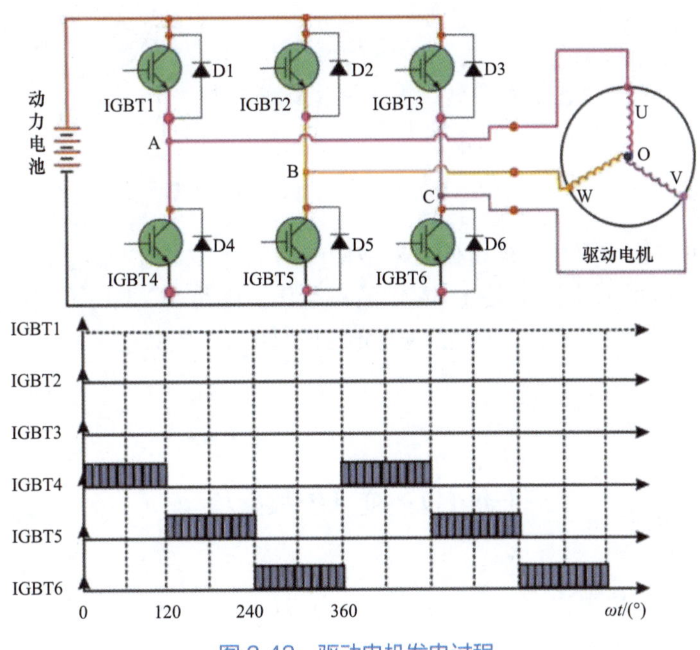

图 3.43　驱动电机发电过程

为了方便分析问题，假设此时 IGBT4 是导通的，且脉宽调制工作，取 PWM 的一个脉冲周期 T 进行分析，设导通时间为 t_1，则截止时间为 $T-t_1$。

（1）在 $[0,\ t_1]$ 时间段内，IGBT4 导通，其工作回路为 U 相绕组—IGBT4—D5—W 相绕组—U 相绕组，如图 3.44 所示，此时属于电机电感储存磁场能量的过程。

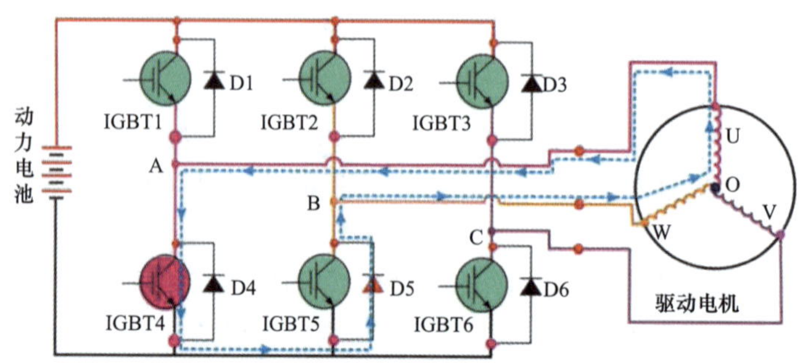

图 3.44　电机电感储存磁场能量的过程

（2）在 $[t_1,\ T]$ 时间段内，IGBT4 截止，其工作回路为 U 相绕组—D1—蓄电池—D5—W 相绕组—U 相绕组，如图 3.45 所示，续流作用向蓄电池充电，此时属于电机电感释放磁场能量的过程。

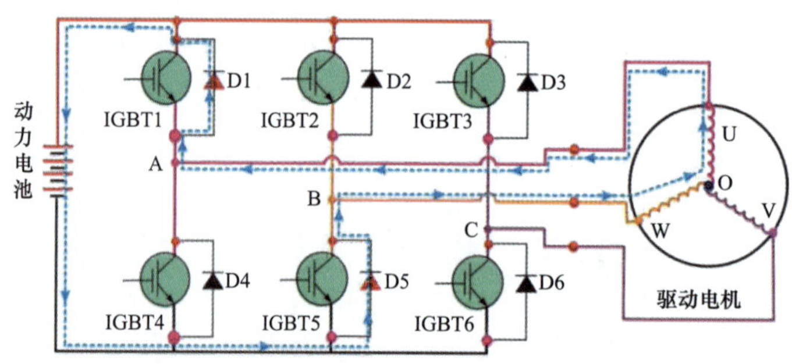

图 3.45　电机电感释放磁场能量的过程

控制 PWM 占空比的大小，即可使蓄电池两端的电压 U_{AB}≥回路电压 U_d。当然，在电机控制器中以闭环控制的方式自动调整 PWM 的占空比，满足 U_{AB} 电压不超过蓄电池允许的最高充电电压，并满足发电电流不超过蓄电池允许的最大充电电流。

实训任务

驱动电机逆变系统故障检修

<<< 1. 故障现象确认

驾驶员携带本车钥匙上车，起动车辆至 START 档，车辆 OK 灯点亮，仪表显示“EV 功能受限”，如图 3.46 所示。

图 3.46 仪表显示“EV 功能受限”，OK 灯点亮

<<< 2. 故障现象分析

根据仪表提示“EV 功能受限”，我们做初步分析：所谓的 EV 功能，就是指车辆高压上电、动力驱动两方面的控制功能。若驱动系统以及 ESP 系统出现故障，在高压正常上电、换档行驶过程中，仪表也将点亮主警告灯，并提示“EV 功能受限”，此时或无法行驶，或限速 9 km/h，踩加速踏板后车速无变化。所以故障范围比较广，我们只能借助诊断仪的提示信息进一步确定缩小故障范围。

<<< 3. 驱动电机逆变系统故障诊断步骤解析

1）连接诊断仪读取故障码、数据流

进入车辆，连接诊断接头，通过诊断仪读取车辆故障码，如图 3.47 所示。车辆驱动电机系统报 P11A101 驱动电机控制单元绝缘栅双极型晶体管驱动电路过流故障，说明电机控制器内部的 IGBT 模块可能会有问题。

读取故障码

新能源 V9.00> 手动选择车型> EU系列> EU5(R500)> 驱动电机系统(MCU)　　技术支持：4008803086

NO.	故障编号	故障码内容	故障码状态
1	P11A101	驱动电机控制单元 绝缘栅双极型晶体管驱动电路过流故障(U 相上桥臂)	当前故障&历史故障

图 3.47 读取车辆故障码

2）故障可能原因分析

结合故障现象分析以及诊断仪读取的故障码，可进一步确定故障可能原因（图 3.48）为：① 驱动电路板故障；② IGBT 模块故障； ③ 驱动芯片故障；电流传感器故障。

3）故障诊断及测量

（1）使车辆至 OFF 档，并断开蓄电池负极，断开电机控制器高压、低压插头。打开电机控制器上盖，取下驱动电机控制电路板，拿掉金属支架托盘，如图 3.49 所示。

（2）测量 UVW 三相霍尔式电流传感器的好坏。用万用表二极管档测量电流传感器管压降，数据正常。

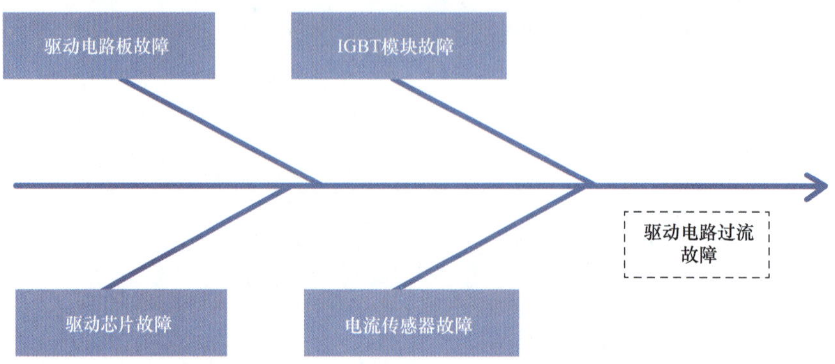

图 3.48　故障可能原因分析

图 3.49　打开电机控制器上盖

（3）用万用表二极管档测量 IGBT 续流二极管 D1、D2、D3、D4、D5、D6 的反向电阻值（图 3.50），测量数值为无穷大，正常。图 3.51 为续极二极管测量示意图。

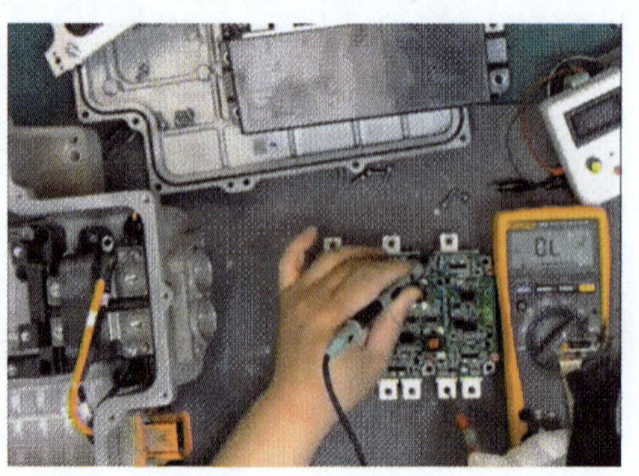

图 3.50　测量 IGBT 续流二极管 D1、D2、D3、D4、D5、D6 的反向电阻值

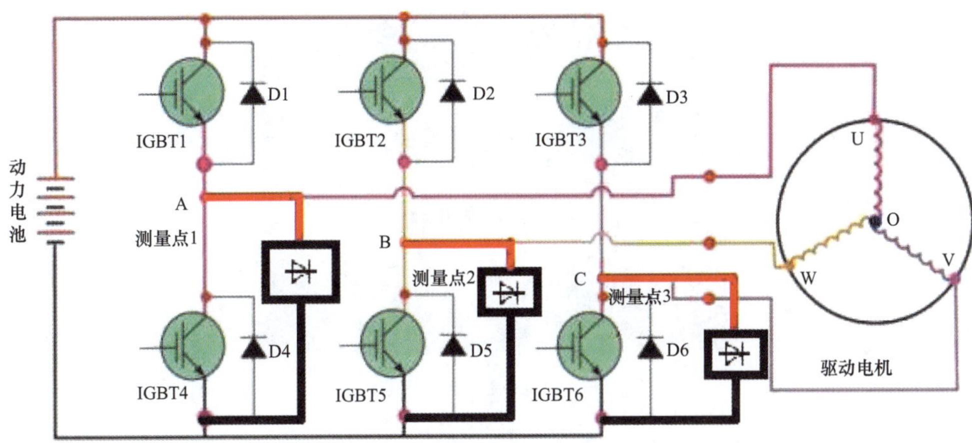

图 3.51　续流二极管测量示意图

（4）用万用表二极管档测量 IGBT 续流二极管 D1、D2、D3、D4、D5、D6 的正向电压值（图 3.52），测量数值分别为 0.351 V、0.351 V、0.350 V、0.350 V、0.352 V、0.352 V，正常，说明 6 个续流二极管没有故障。

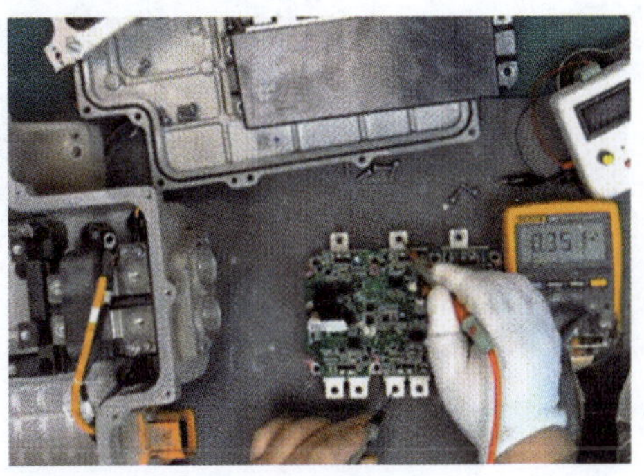

图 3.52　测量 IGBT 续流二极管 D1、D2、D3、D4、D5、D6 的正向电压值

（5）用绝缘电阻测试仪测量 IGBT 模块的绝缘性能（图 3.53），数值均大于 550 MΩ，正常，说明 IGBT 模块的绝缘性能正常。

图 3.53　用绝缘电阻测试仪测量 IGBT 模块的绝缘性能

（6）测量 IGBT 管的耐压值（图 3.54），数值为 721 V，异常，因为标准值应大于 750 V。

图 3.54　测量 IGBT 管的耐压值

<<< 4. 驱动电机逆变系统故障排除与维修总结

1）修复故障

（1）更换 IGBT 模块，并连接好所有高压插头。

（2）连接蓄电池负极，如图 3.55 所示。

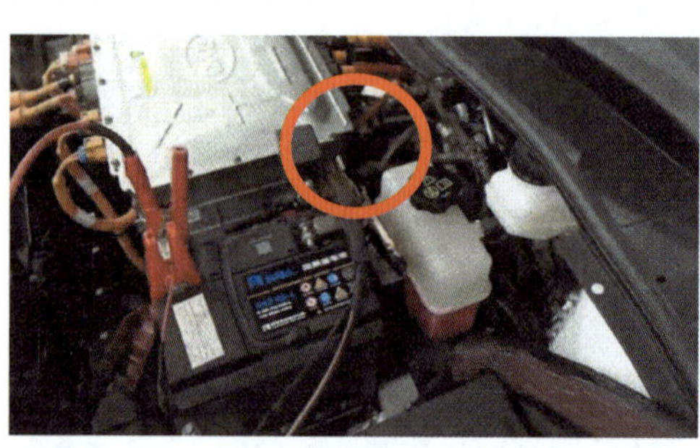

图 3.55　连接蓄电池负极

（3）起动车辆，如图 3.56 所示。

图 3.56　起动车辆

（4）清除并再次读取故障码，发现故障码已清除，车辆恢复正常状态。

2）维修总结

由于电机控制器内 IGBT 模块出现过流故障，导致整车在高压上电之后驱动电机无法将直流电转化成交流电，逆变系统无法正常工作，驱动电机无法转动。从而，车辆仪表报“EV 功能受限”，车辆无法正常行驶。更换 IGBT 模块后，逆变系统工作正常，故障修复。

实训工单

驱动电机逆变系统故障检修实训工单

学生姓名				班级	
车辆信息登记		教师评分		实际用时	
项目	内　　容		配分	得分	备注
故障现象描述			15		包含触发条件、仪表现象、功能现象、诊断仪信息等故障现象
通过分析找出故障可能原因			20		结合故障现象，分析故障初步原因
维修资料查阅			10		查阅电路图、维修手册，找出故障相关维修说明
过程数据记录			20		记录故障诊断的测量条件、测量工具、测量数据及相关判断结论
故障点和故障类型			15		准确记录故障点及类型
故障机理分析			20		分析故障形成原因及解决方法

项目4

新能源汽车充电系统故障检修

项目导学

本项目旨在学习新能源汽车充电系统故障检修技术，重点培养学生对交流慢充系统和直流快充系统的故障诊断与维修能力。通过本学习项目，学生将具备新能源汽车充电系统的维修知识和实操技能，同时加强学生对诚信、精准、求实等职业道德的理解，培养学生的问题解决能力，鼓励他们在面对技术难题时能够积极思考和主动探索解决方案。

任务 4.1　新能源汽车交流慢充系统故障检修

学习目标

知识目标：

1. 掌握交流慢充系统的组成与工作原理；
2. 掌握交流慢充系统的电路图查询与识读方法；
3. 掌握交流慢充系统的相关部件的测量方法及部件好坏的判定方法；
4. 掌握交流慢充系统故障的分析方法。

技能目标：

1. 能够通过电路图、维修手册，找到交流慢充系统相关的线束、部件；
2. 能够通过观察车辆仪表状态、故障码、数据流等车辆信息，初步判断交流慢充故障的可能原因；
3. 能够使用诊断仪，读取交流慢充系统相关的故障码与数据流；
4. 能够使用正确的诊断测量工具测量交流慢充系统相关模块线束等元器件的工作数值、波形；
5. 能够结合车辆故障现象、故障码、数据流及相关测量数据，找到并修复交流慢充系统故障的故障点。

素质目标：

1. 在交流慢充系统故障检修过程中，培养学生互相学习、彼此合作，共同探索新鲜事物的能力。
2. 通过交流慢充系统故障检修，提高自己对 5S 管理的理解与实践能力。

任务描述

京浩购买了 2019 款比亚迪秦 EV，使用了一段时间后发现车辆无法进行交流慢充。作为一名新能源汽车维修工，你如何来解决这一问题呢？

任务梳理

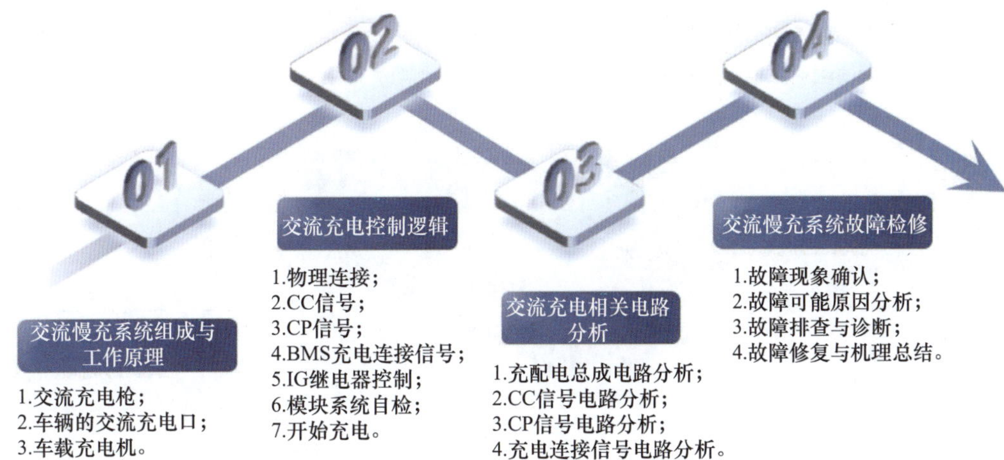

相关知识

4.1.1　交流慢充系统的组成与工作原理

1. 交流充电枪

交流充电枪也称为慢充充电枪，如图 4.1 所示，其充电速度相对较慢，一般需要几个小时甚至更长时间才能将电池充满。交流充电枪有 2.2 kW（AC 220 V，10 A）、3.3 kW（AC 220 V，16 A）、6.6 kW（AC 220 V，32 A）及 22.4 kW（AC 380 V，63 A）等几类。

2. 车辆的交流充电口

车辆的交流充电口如图 4.2 所示。其中，CC、CP 是两个信号脚，可以先不去管它。L1、L2、L3 对应的是三个相线的接口，即我们常说的火线；N 是中性线，即零线；中间位置是一个 PE 引脚，就是我们常说的接地。

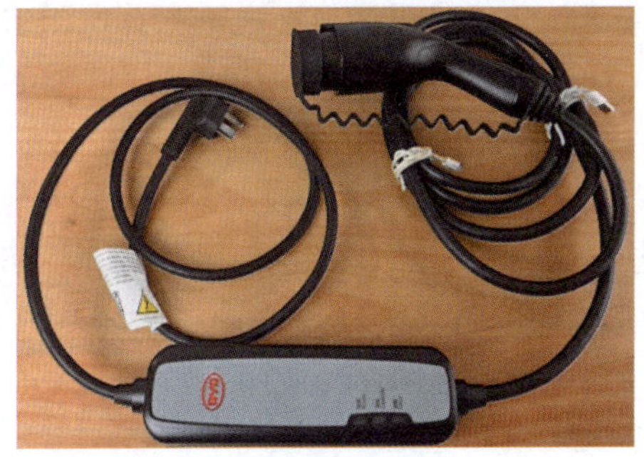

图 4.1　交流充电枪（3.3 kW）

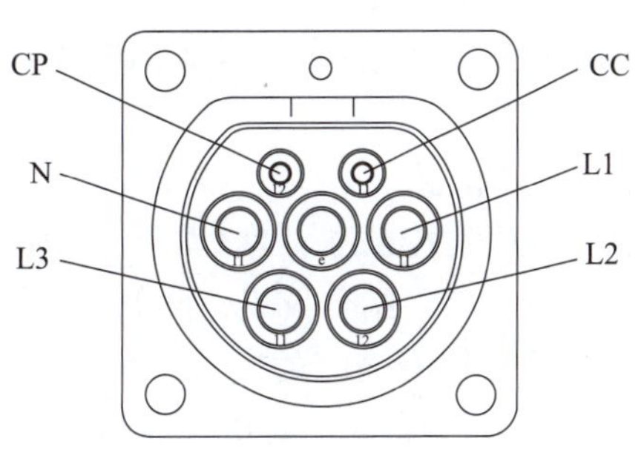

图 4.2　车辆的交流充电口

<<< 3. 车载充电机

车载充电机（on-board charger，OBC）是指固定安装在电动汽车上的充电机，如图 4.3 所示。它负责将 220 V 交流电转化为直流电，同时依据电池管理系统 BMS 提供的数据，动态调节充电电流与电压参数，执行相应的充电动作，完成充电过程。

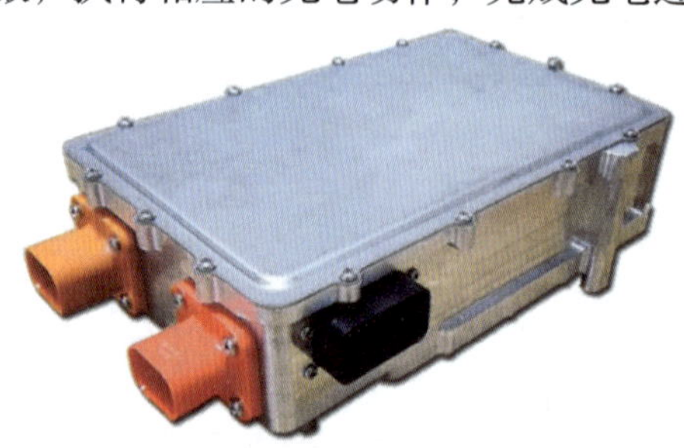

图 4.3　车载充电机

4.1.2　交流慢充系统的控制逻辑

交流慢充系统的控制逻辑见图 4.4。

<<< 1. 物理连接

关闭点火开关，且档位处于 N 或 P 档，打开驻车制动器。按压充电枪锁止按键，连接充电枪至车辆，松开充电枪锁止按键，确认充电枪完全连接。

<<< 2. CC 信号

在电动汽车和供电设备建立电气连接后，高压充配电总成通过测量导引线路中定义的检测点 3（CC）与 PE 之间的电阻（电压）值来判断当前充电连接装置（电缆）的额定容量和连接状态。高压充配电总成 OBC 内部输出一个高电位（约 12 V）至 CC（充电连接确认）信号线路上。按压充电枪上锁止开关并保持，CC（充电连接确认）信号通过充电枪内部线路中的串联电阻 R4、RC 与 PE 接通，OBC（高压充配电总成）内部输出的高电位（约 12 V）被电阻 R4 和 RC 拉低至 4.33 V 左右（以 10 A 容量充电电缆为例）。释放充电枪上的锁止开关，R4 被充电枪内部开关 S3 短接，CC（充电连接确认）信号只通过充电枪内部电阻 RC 与 PE 接通，高压充配电总成 OBC 内部输出的高电位（DC 10.5 V 左右）被电阻 RC 拉低至 2.42 V 左右。

高压充配电总成 OBC 主控单元接收 2.42 V 左右电压时，即确认充电枪和车辆已连接，高压充配电总成 OBC 被激活，如图 4.5 所示，通过 P-CAN 总线唤醒激活电池管理系统 BMS、整车控制器 VCU、组合仪表、网关控制器、BCM 控制器（MICU），然后电池管理系统 BMS 通过其与组合仪表之间的充电指示灯控制信号让组合仪表上的充电连接指示灯点亮，如图 4.6 中圈示位置所示，提醒驾驶员车辆进入充电模式，充电枪已连接。

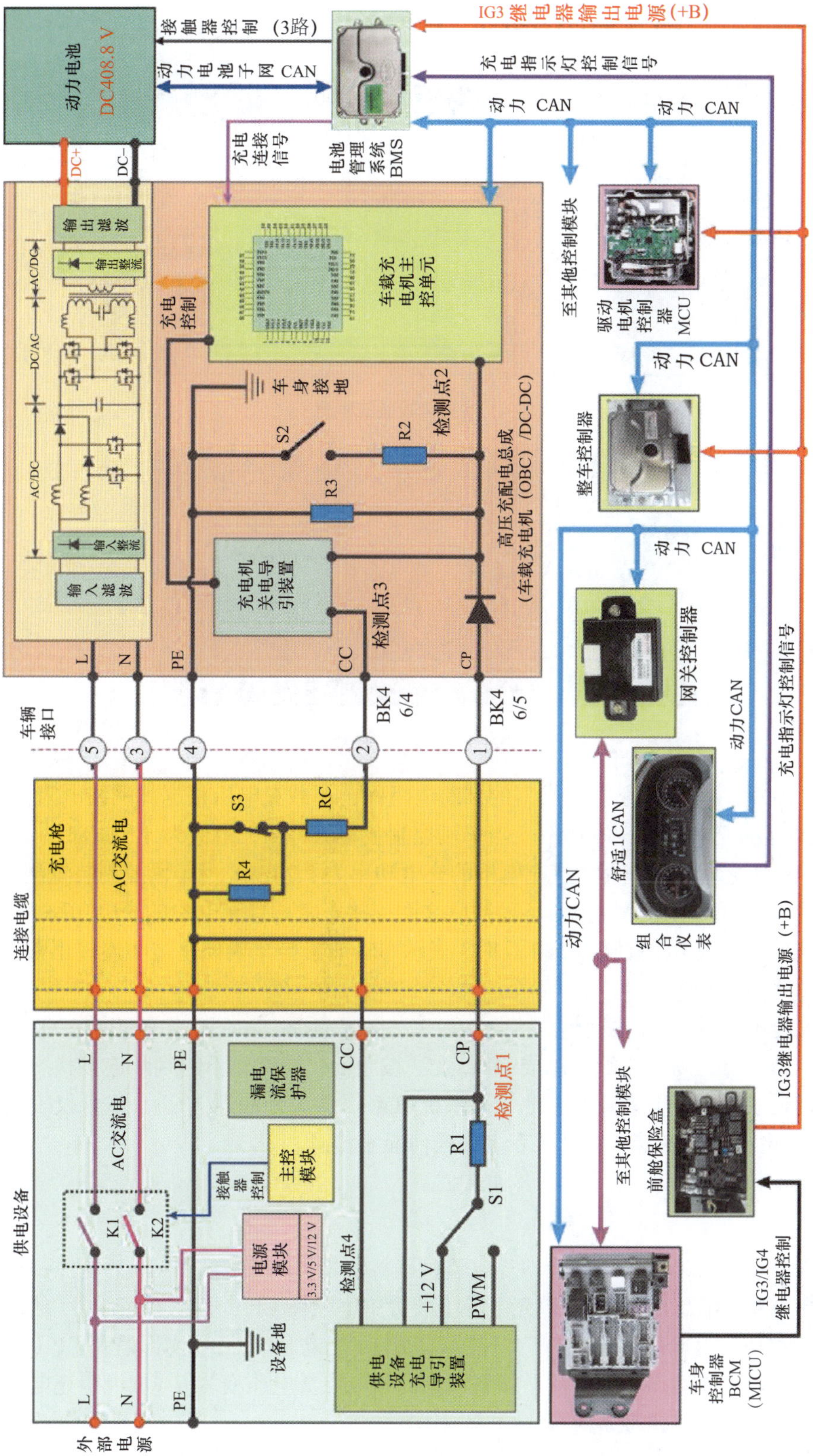

图 4.4　交流慢充系统的控制逻辑

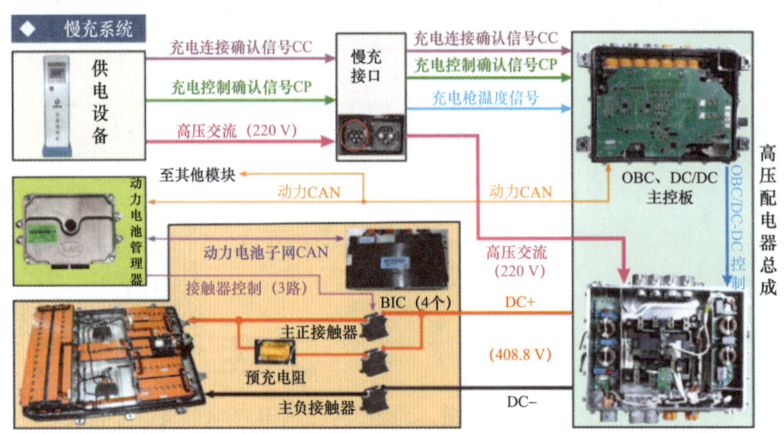

图 4.5　充电唤醒流程图

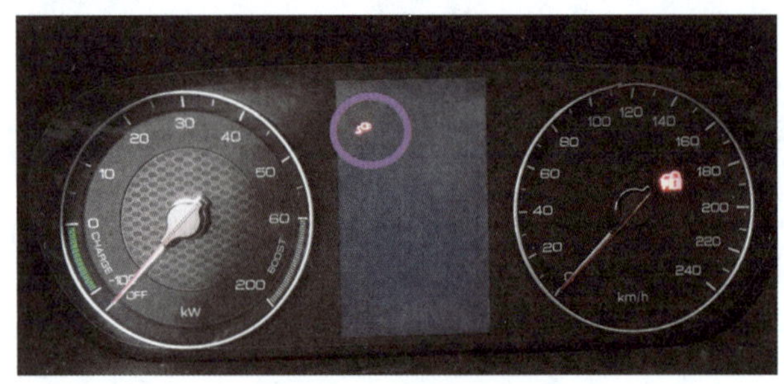

图 4.6　充电连接指示灯

其中，RC 和 R4 组成充电枪类型的判断电阻网，车载充电机根据此网络电阻值(信号电压值)来判断当前充电枪的充电功率。当车辆控制装置测得 RC 阻值为 1.5 kΩ时，表示车辆插头与车辆插座之间连接正常，且充电枪的充电功率为 2.2 kW；当车辆控制装置测得 RC 阻值为 680 Ω时，即表示车辆插头与车辆插座之间连接正常，且充电枪的充电功率为 3.3 kW；当车辆控制装置测得 RC 阻值为 220 Ω时，表示车辆插头与车辆插座之间连接正常，且充电枪的充电功率为 6.6 kW。

高压充配电总成 OBC 主控单元接收 2.42 V 左右电压后，需判断当前充电枪的充电功率。如果电压信息不符，高压充配电总成 OBC 无法被激活，同时也不能判断连接状态及充电枪类型，车辆无法进入充电模式。电池管理系统 BMS、整车控制器 VCU、组合仪表及车身控制模块 BCM 也将无法启动，组合仪表上无任何显示信息。

<<< 3. CP 信号

充电设备接通交流电源后，会向充电连接确认信号 CP 线路输出+12 V 电压；充电枪连接后，被高压充配电总成 OBC 内部充电导引装置中串联在 CP（充电连接确认）信号线路上的整流二极管和电阻 R3 拉低至 9 V 并保持。高压充配电总成 OBC 内部监测 CP（充电连接确认）信号线路上检测点 2 的电压，如果检测到检测点 2 电压变为 9 V，说明充电枪已与车辆连接，供电设备也进入准备阶段。

如果此电压不符，交流供电设备可判知供电设备和车辆连接异常，供电设备将停止充电

模式，不再继续进行充电功能启动检测。

<<< 4. BMS 充电连接信号

高压充配电总成 OBC 根据其检测到的 CC（充电连接确认信号，应该为 2.42 V）和 CP（充电控制确认信号，应该为 9 V）信号后，确认供电设备、充电枪和车辆完全连接，进而电池管理系统 BMS 输出的高电位（10.74 V）充电连接信号被拉低至低电位（2.86 V），电池管理模块 BMS 检测到充电连接信号变化，即确认车辆通过充电枪与供电设备已连接。

<<< 5. IG 继电器控制

高压充配电总成 OBC 启动充电模式，并将此信息发送至电池管理系统 BMS、组合仪表、车身控制模块 BCM 等。车身控制模块 BCM 接收到充电启动信息后，首先结合当前总线上的热管理信息，控制 IG 继电器闭合。

如图 4.7 为 IG 继电器控制线路图，从中可以看出，系统有 IG3 和 IG4 两个 IG 继电器，其中 IG3 继电器为整车控制器 VCU、电机控制器 MCU、高压模块水泵、电池管理系统 BMS 等提供 IG 信号及功率电源；IG4 为动力模块水泵、动力电池水泵、电子膨胀阀、PTC 加热器、电动压缩机、空调控制器等提供 IG 信号及功率电源。

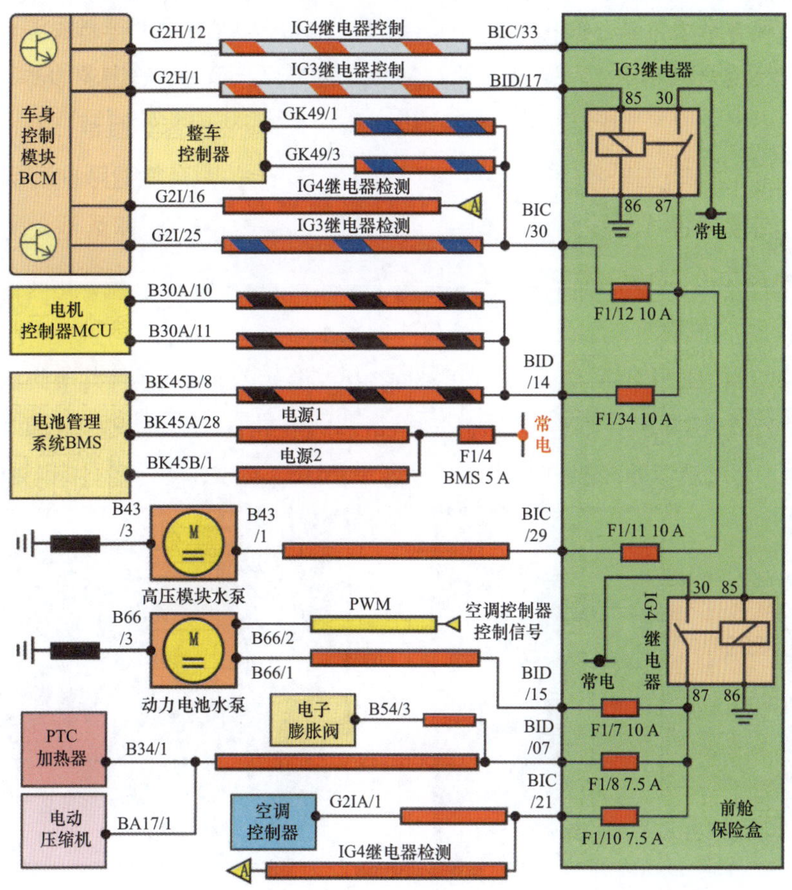

图 4.7　IG 继电器控制线路图

<<< 6. 模块系统自检

整车控制器 VCU 得到 IG3 电源后启动自检和 CAN 通信功能，接收和发送充电信息、档位信息、热管理信息、故障信息等；电机控制器 MCU 得到 IG3 电源后启动自检和 CAN 通信功能，接收和发送充电信息、禁行信息、故障信息等；电池管理系统 BMS 得到 IG3 电源后启动自检功能，同时为电池通信转换模块、动力电池采集模块 BIC 提供电源，动力电池子网 CAN 也随之启动。电池管理系统 BMS 对系统低压供电、动力电池温度、SOC 值、绝缘、故障信息、单体电池信息等进行自检，同时对主负、主正、预充继电器进行粘连检测。系统自检正常后，通过 P-CAN 总线将系统正常信息发送至总线网络。

如果电池管理系统 BMS 在自检过程中出现低压供电、动力电池温度、SOC 值、单体电池、继电器等异常，就会通过 P-CAN 总线发送异常信息，系统将停止充电流程，同时保存故障信息并生成故障代码存储下来，停止充电。

如果信息正常，供电设备内部的开关 S1 切换至 PWM 端。供电设备充电导引装置输出可调节的幅值为 12 V 左右的双极性 PWM 占空比信号至 CP（充电控制确认）信号线路上并保持，占空比与供电设备可提供的最大连续电流值具有相关性。在此期间，高压充配电总成继续检测自身是否准备完成，且无其他故障。

供电设备输出幅值为 12 V 左右的双极性 PWM 占空比信号被高压充配电总成 OBC 内部充电导引装置中串联在 CP（充电控制确认）信号线路上的整流二极管整流，被电阻 R3 拉低至幅值为+9 V 左右的单极性 PWM 占空比信号并保持，其波形如图 4.8 所示。

如果系统自检正常，高压充配电总成 OBC 在 3 s 内会闭合开关 S2，将波形幅值再次拉低，准备启动充电功能。

<<< 7. 开始充电

S2 开关闭合后，开关 S2 通过电阻 R2 将 CP（充电控制确认）信号线路接地，同时与 R3 并联，这导致 CP（充电控制确认）信号线路接地电阻进一步减小，从而使 CP（充电控制确认）信号的幅值被拉低至+6 V 左右并保持，其波形如图 4.9 所示。此时高压充配电总成 OBC 将检测到的 CP（充电控制确认）信号与高压充配电总成 OBC 内部所存储的信号幅值进行比对。

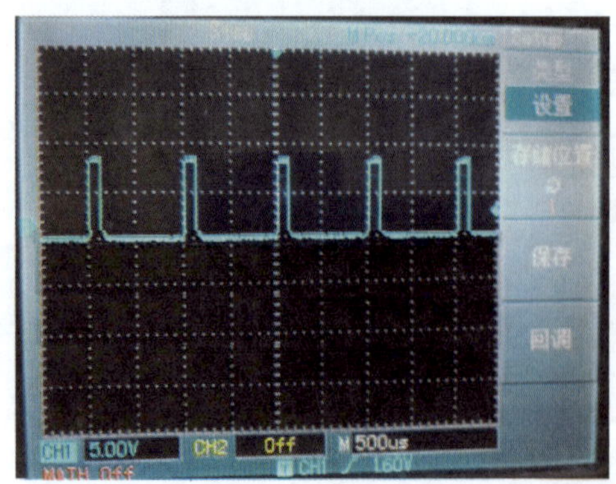

图 4.8　二极管整流、R3 拉低后的 CP 波形

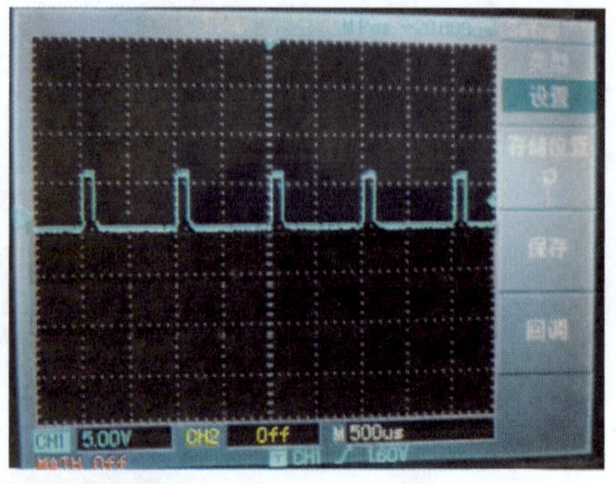

图 4.9　S2 开关闭合后的 CP 波形

高压充配电总成 OBC 在 3 s 内对检测点 2 的+6 V 左右 PWM 波形幅值持续检测，同时再次自检系统内故障信息，以及电池控制系统 BMS、电机控制器 MCU（含 DC-DC）、整车控制器 VCU 等状态，如果状态正常，高压充配电总成 OBC 发送充电功能启动信息，电池控制系统 BMS 接收到此信息后准备接通高压继电器工作，同时电池控制系统 BMS 根据动力电池温度发送动力电池热管理信息（预热、预热/充电、充电）需求至空调控制器。

电池控制系统 BMS 接收到高压充配电总成 OBC 发送的充电功能启动信息及整车无故障信息后，开始控制主负、预充、主正接触器先后吸合，整车高压系统上电完成。

供电设备在自检的同时，会持续监测检测点 1 的 6 V 左右的 PWM 波形幅值在 3 s 内有没有变化。如果自检正常，随即启动充电功能，接通内部交流接触器 K1 和 K2，AC 220 V 电源就可以供给高压充配电总成 OBC，高压充配电总成 OBC 结合当前供电电流以及动力电池状态调整充电电流输出，输出大于电池包电压的直流高压，为动力电池充电。

4.1.3 交流慢充系统电路分析

交流慢充系统电路图如图 4.10 所示。

（1）充配电总成供电线路：常电经过 F1/22 保险，分别通过 BK46/1、BK46/2 号端子给充配电总成供电。

（2）搭铁线路：充配电总成通过 BK46/19 与 BK46/3 端子至 EB06 搭铁点进行搭铁。

（3）CAN 通信：充配电总成通过 BK46/17（动力 CAN-L）与 BK46/3 号端子（动力 CAN-H），与动力网内的电机控制器、BMS、组合仪表等模块进行通信；

（4）CC 信号：充配电总成通过 BK46/4 至 KB53B/2 号端子发出+12 V 左右电压，至充电口 CC 端子，连接充电枪后，BK46/4 号端子将电压拉低至 2.42 V 左右；

（5）CP 信号：充配电总成通过 BK46/5 至 KB53B/1 号端子，接收充电设备发出的 CP 信号。连接充电枪后，BK46/5 号端子电压为 9 V 左右。正常充电时，BK46/5 号端子会接收到+6 V 左右的 PWM 信号；

（6）充电连接信号：BMS 通过 BK45B/20 至 BK46/6 号端子给充配电总成发出一个+10 V 左右电压，当 CC、CP 信号均正常后，充配电总成通过 BK46/6 号端子将电压拉低至 2.86 V 左右，此时 BMS 接收到充电枪连接信号，同时让组合仪表点亮充电连接指示灯。

交流慢充系统故障检修

1. 交流慢充系统故障现象确认

故障现象如图 4.11 所示，具体如下：

（1）充电设备电源指示灯正常点亮。

（2）连接充电枪到车辆，仪表上充电连接指示灯不亮，无法跳转到充电信息显示界面，供电设备连接指示灯不闪烁。

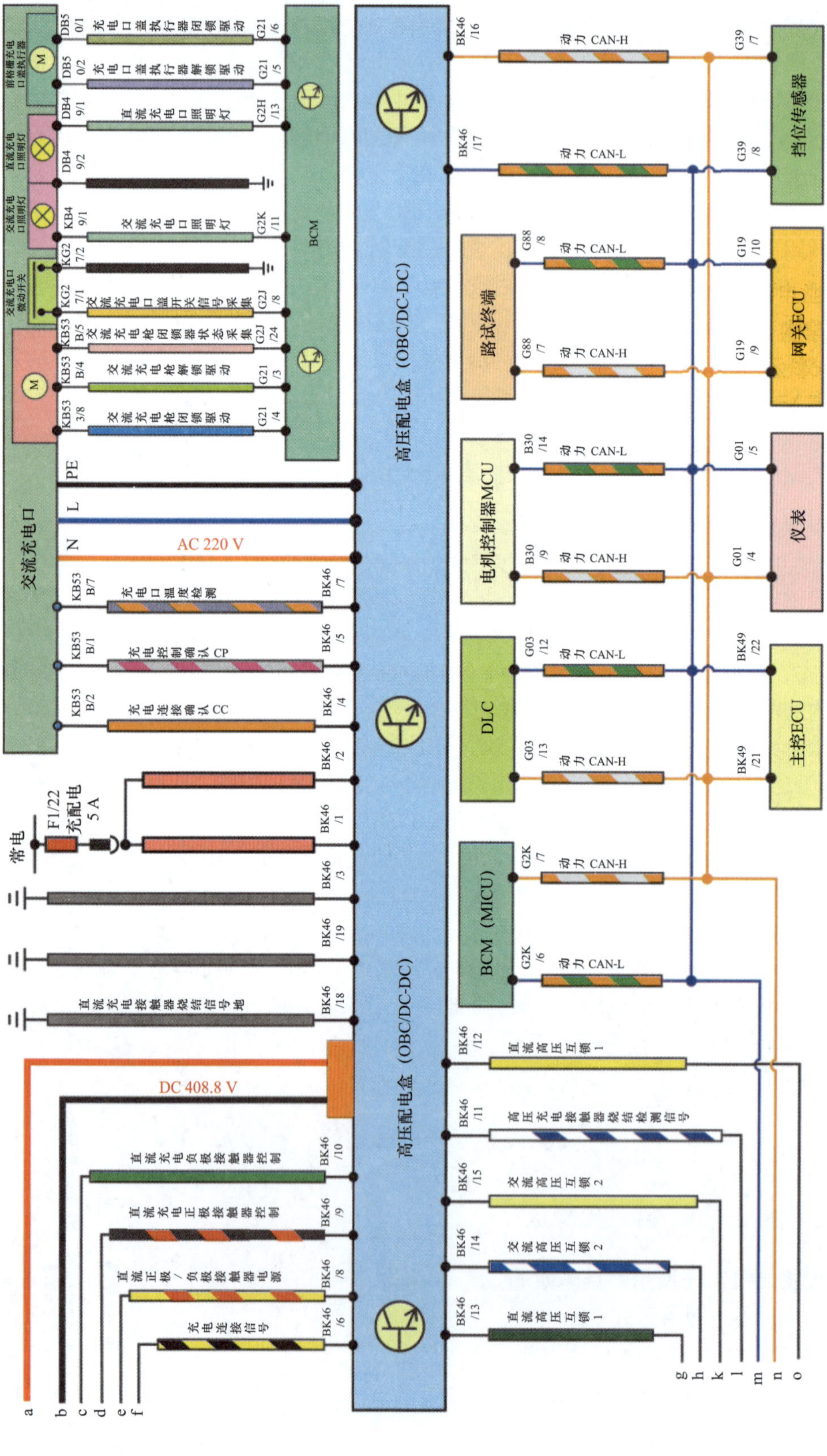

图 4.10 交流慢充系统电路图

（3）接着打开一键起动开关，OK 灯不亮，高压上电正常，仪表上充电连接指示灯点亮。

图 4.11　仪表故障现象

2. 故障现象分析

打开一键起动开关时，充电连接指示灯点亮，说明“CC 信号—高压充配电总成（通过充电连接信号线路）—BMC（通过充电指示灯控制信号线路）—组合仪表”工作正常。在充电过程中组合仪表没有对充电线束连接做出反应，未进入充电界面，可能是由于高压充配电总成没有接收到正确的 CP 信号，或者高压充配电总成没对 CP 信号做出正确的反应。

3. 交流慢充系统故障诊断步骤解析

1）连接诊断仪读取故障码、数据流

进入车辆，连接诊断接头（图 4.12、图 4.13），通过诊断仪读取车辆故障码、数据流。读取到故障代码：P157400 供电设备故障。

图 4.12　车辆诊断接口

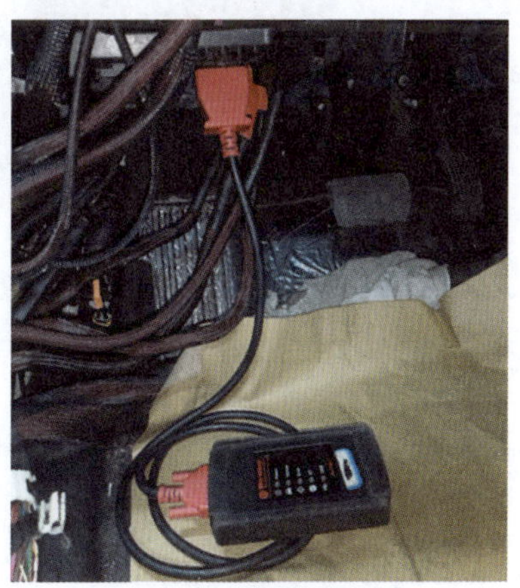

图 4.13　连接诊断仪

2）故障可能原因分析

结合故障现象分析以及诊断仪读取的故障码，可进一步确定故障可能原因（见图 4.14）为：① CP 线路故障；② 充配电总成局部故障；③ 充电枪故障；④ 充电口故障；⑤ 组合仪表故障。

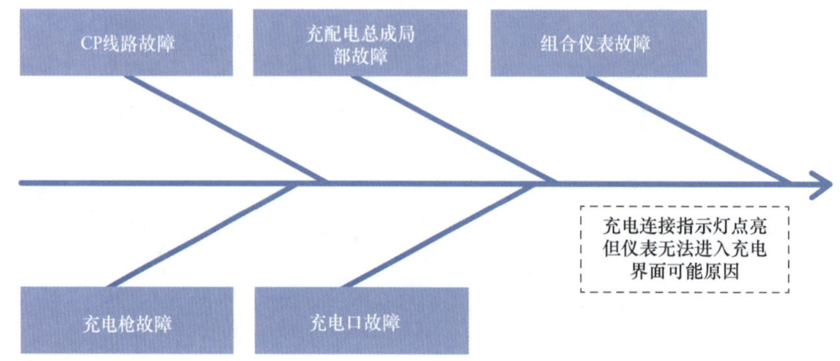

图 4.14　故障可能原因

3）故障诊断及测量

（1）连接充电枪到车辆，用万用表测车载充电机 OBC 端 BK46/5 号端口电压（图 4.15），正常为“0 V—9 V—9 V—6 V”，如实测为 0 V 不变，则说明出现异常。

图 4.15　测量 CP 电压

（2）连接充电枪到车辆，用万用表测量充电口 KB53B/1 号端口电压，正常为“0 V—9 V—9 V—6 V”，实测为+B 不变，说明 KB53B/1 号端口到 BK46/5 号端口之间的线路有问题。

（3）关闭一键起动开关，拆下蓄电池负极接线，拔掉高压充配电总成连接器，用万用表测量 KB53B/1 号端口到 BK46/5 号端口之间的线路电阻值（图 4.16），为 158 kΩ，说明出现异常（因为标准值小于 1 Ω），可能存在线路虚接故障。

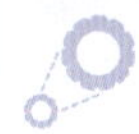

图 4.16　测量 KB53B/1 号端口到 BK46/5 号端口之间线路电阻值

<<< 4. 交流慢充系统故障排除与维修总结

1）修复故障

（1）更换故障线束，并连接好所有高压、低压插头。

（2）连接蓄电池负极，起动车辆，清除并再次读取故障码，发现故障码已清除，车辆恢复正常状态，车辆交流慢充成功，如图 4.17 所示。

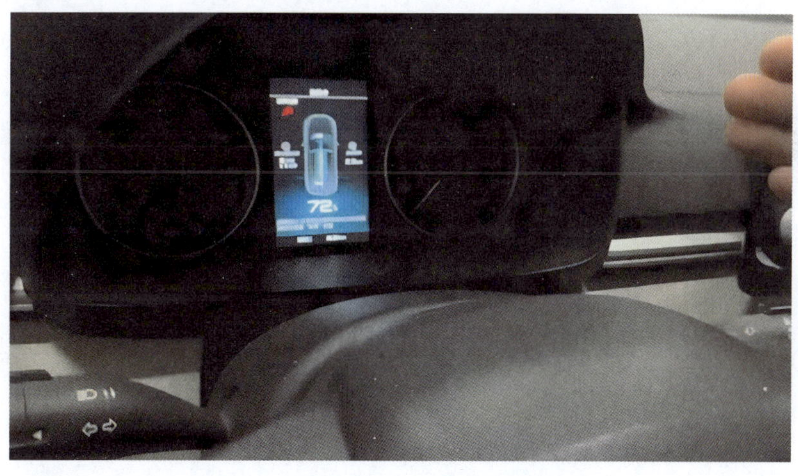

图 4.17　连接充电枪，车辆交流充电成功

2）维修总结

由于充电口至车载充电机之间的 CP 信号线路虚接，导致车载充电机无法正常确认供电设备连接状态，所以连接充电枪到车辆后，充电设备无法确认充电枪已与车辆连接，仪表上充电连接信号灯点亮，但仪表无法进入充电界面，车辆无法进行交流慢充充电。

实训工单

交流慢充系统故障检修实训工单

学生姓名				班级		
车辆信息登记		教师评分		实际用时		
项目	内　　容			配分	得分	备注
故障现象描述				15		包含触发条件、仪表现象、功能现象、诊断仪信息等故障现象
通过分析找出故障可能原因				20		结合故障现象，分析故障初步原因
维修资料查阅				10		查阅电路图、维修手册，找出故障相关维修说明
过程数据记录				20		记录故障诊断的测量条件、测量工具、测量数据及相关判断结论
故障点和故障类型				15		准确记录故障点及类型
故障机理分析				20		分析故障形成原因及解决方法

任务 4.2　新能源汽车直流快充系统故障检修

学习目标

知识目标：

1. 掌握直流快充系统的组成与工作原理；
2. 掌握直流快充系统的电路图查询与识读方法；
3. 掌握直流快充系统的相关部件的测量方法及部件好坏的判定方法；
4. 掌握直流快充系统故障的分析方法。

技能目标：

1. 能够通过电路图、维修手册，找到直流快充系统相关的线束、部件；
2. 能够通过观察车辆仪表状态、故障码、数据流等信息，初步判断直流快充系统故障的可能原因；
3. 能够使用诊断仪，读取直流快充系统相关的故障码与数据流；
4. 能够使用正确的诊断测量工具，测量直流快充系统相关的模块线束等元器件的工作数值、波形；
5. 能够结合车辆故障现象、故障码、数据流及相关测量数据，找到并修复直流快充系统故障的故障点。

素质目标：

1. 在直流快充系统故障检修过程中，培养学生互相学习、彼此合作，共同探索新鲜事物的能力；
2. 通过直流快充系统故障检修，提高自己对 5S 管理的理解与实践能力。

任务描述

京浩购买了 2019 款比亚迪秦 EV，使用了一段时间后发现车辆无法进行直流快充。作为一名新能源汽车维修工，你如何来解决这一问题呢？

任务梳理

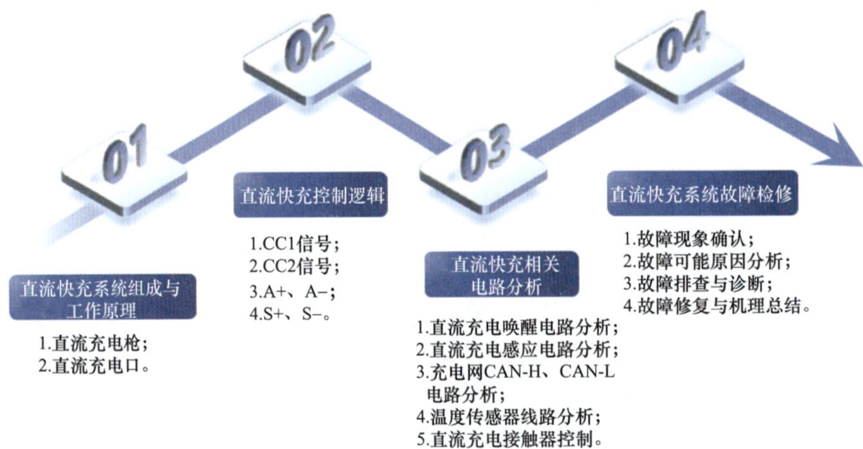

相关知识

4.2.1 直流快充系统的组成与工作原理

<<< 1. 直流充电枪

直流充电枪（图 4.18）也称快充充电枪，是一种用于电动汽车快速充电的设备，通常用于公共直流充电桩。其主要特点包括：

（1）功率大。直流充电枪的充电电流通常在 150 ~ 400 A 之间，额定电压一般在 400 V 以上。

（2）充电效率高。直流充电枪可以直接与车载动力电池对接，省去了车载充电机的步骤，因此充电效率较高。

<<< 2. 直流充电口

《电动汽车传导充电用连接装置　第 3 部分：直流充电接口》（GB/T 20234.3—2023）规定了直流充电接口的要求、功能定义及结构和尺寸。目前，各电动汽车车载直流充电口（图 4.19）都属于国标件，国标标准规定车载的直流充电口插座使用母针，充电枪插头使用公针。

图 4.19 中，DC+和 DC−为直流供电正负极；PE 为地线，保证充电桩和车辆共用一个地线；CC1 是充电桩端连接确认信号，CC2 是车辆端充电连接确认信号；A+和 A−为低压 12 V 辅助电源，由充电桩供电，用来给车辆的电池管理系统 BMS 做唤醒用；S+和 S−为充电桩和车辆端 CAN 通信接口，用来提供充电桩和车辆控制器之间的握手信号，确认彼此身份，进行充电桩内高压绝缘和安全检测，根据动力电池的实际剩余电量 SOC 参数，确定合适的充电电压和电流，为开始充电做好准备。

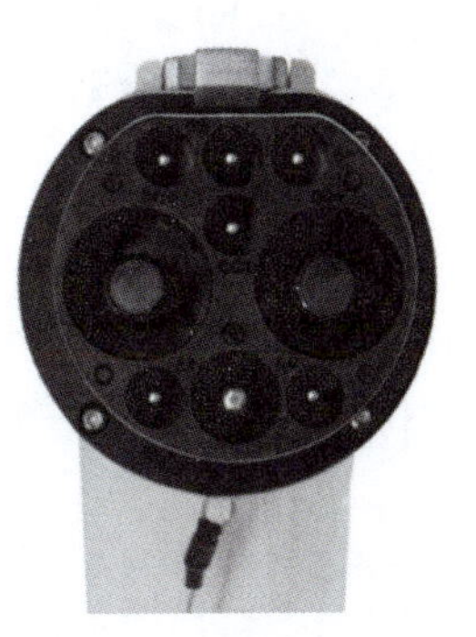

图 4.18　直流充电枪

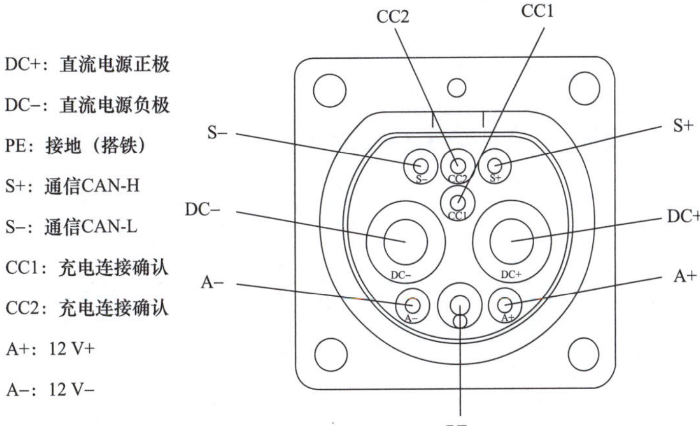

图 4.19　直流充电口

4.2.2　直流快充系统的控制逻辑

直流快充系统的控制逻辑如图 4.20、图 4.21 所示。

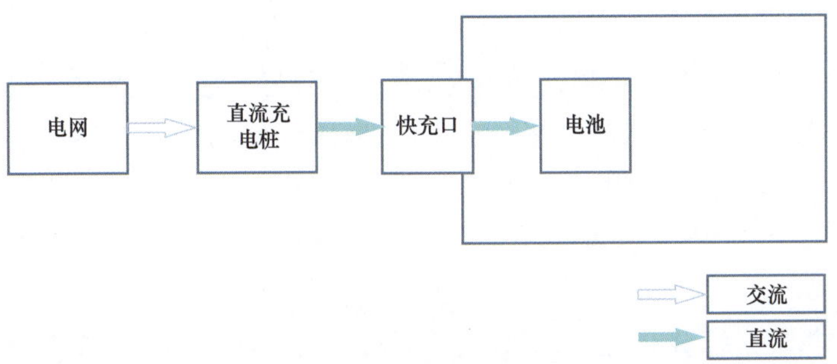

图 4.20　直流快充示意图

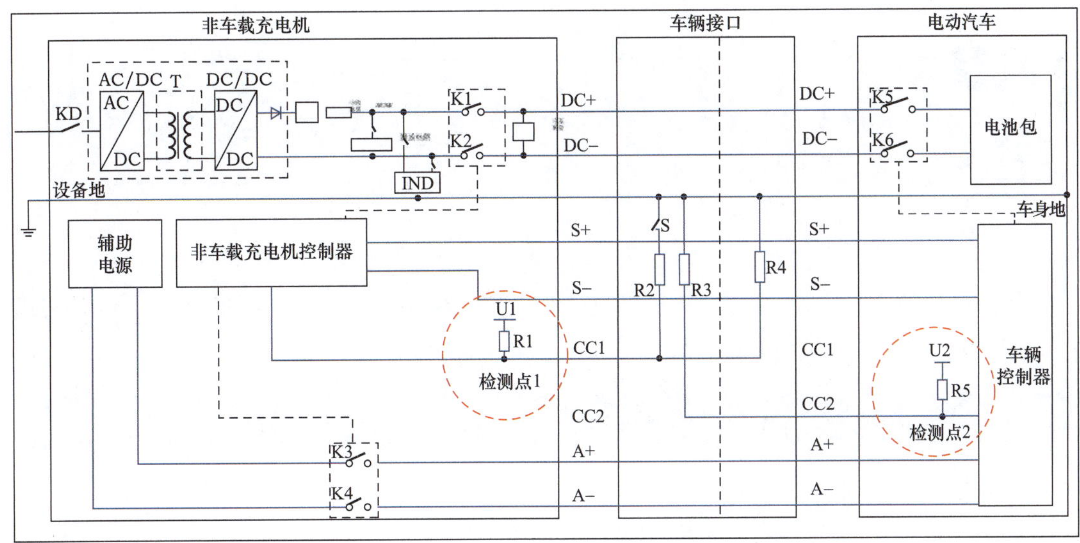

图 4.21　直流充电电路图

1. CC1 信号

充电机端通过 CC1 端子发出 12 V 左右高电位信号，充电枪连接后，CC1 信号经过充电枪内部的 R2 电阻以及车辆内部的 R4 电阻（两电阻并联）回到设备地，此时，检测点 1 的电压也由高电位变为低电位（具体数值见表 4.1），充电机识别到充电枪已与车辆连接。

表 4.1　检测点 1 电压与充电枪连接状态对应关系

监测点 1 电压	S 开关（枪头）	枪头与座的状态	备　注
12 V	断开	断开	
6 V	闭合	断开	
6 V	断开	结合	
4 V	闭合	结合	完全结合

2. A+、A−信号

用户插枪刷卡后，充电机会闭合开关 K3 和 K4，提供 12 V 电压信号（A+），该信号用于唤醒电池管理系统 BMS 控制器。这个步骤是启动充电流程的必要条件，确保了电池管理系统 BMS 控制器能够参与到充电过程中。

3. CC2 信号

车辆的电池管理系统 BMS 通过 CC2 端子发出高电位，进行 CC2 连接确认。当充电枪连接时，CC2 端子高电位信号经过枪内 R3 电阻回到车身地，此时，电池管理系统 BMS 识别到检测点 2 电压信号被拉低，确认充电枪已与车辆连接。

提示

CC1、CC2 信号的确认是确保充电安全的第一步，通过确认连接的完整性来保证后续充电过程的稳定性。

4. S+、S−信号

用户插枪刷卡后，A+信号唤醒车辆直流充电控制模块，直流充电桩通过 S+、S−信号端子发送 CAN 通信报文给车辆直流充电控制模块，与之进行 CAN 通信。

4.2.3　直流快充系统电路分析

直流快充系统如图 4.22 所示。

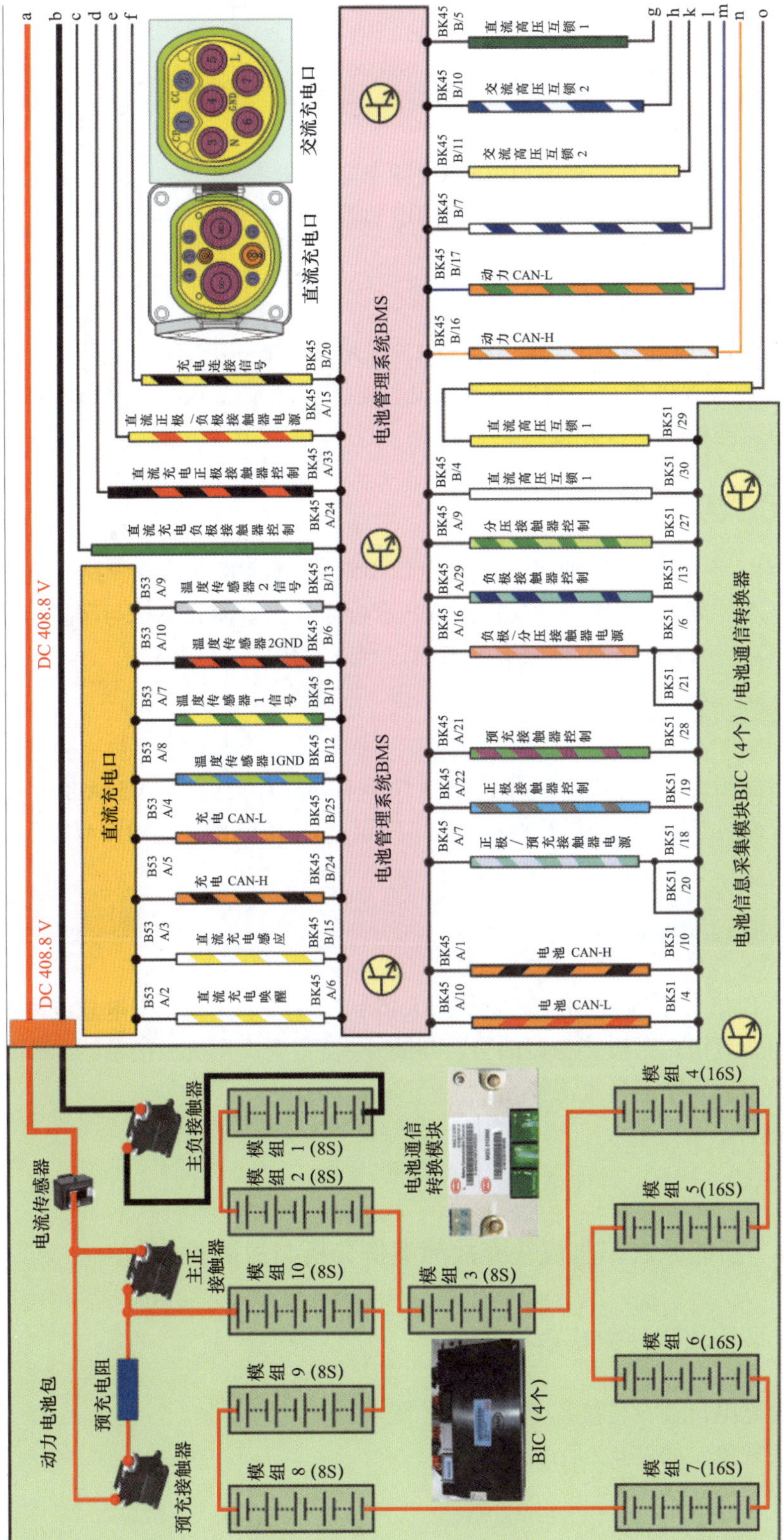

图 4.22 直流快充系统电路图

直流充电口内部低压控制线路与车辆的电池管理系统 BMS 模块连接，具体线路分析如下。

<<< 1. 直流充电唤醒

直流充电口 A+端子经过直流充电口 B53A/2 至 BK45A/6 线路，给电池管理系统 BMS 提供一个+12 V 电压，唤醒电池管理系统 BMS，使电池管理系统 BMS 开始工作。

<<< 2. 直流充电感应

电池管理系统 BMS 通过 B53A/3 至 BK45A/15 线路，发出一个+12 V 信号，至交流充电口 CC2 端子，连接直流充电枪后，该电压被拉低，电池管理系统 BMS 通过 BK45A/15 端子电位变化，识别直流充电枪是否连接。

<<< 3. 充电 CAN–H、CAN–L

直流充电口 S+、S–端子分别通过直流充电口 B53A/5 至 BK45B/24 线路与直流充电口 B53A/4 至 BK45B/25 线路，与电池管理系统 BMS 进行通信。直流充电桩与车辆电池管理系统 BMS 通过充电 CAN–H、CAN–L 线路交换充电过程中的相关信息。

<<< 4. 温度传感器线路

直流充电口有两组温度传感器，其中，B53A/7 至 BK45B/19 线路与 B53A/8 至 BK45B/12 线路分别为温度传感器 1 的供电与搭铁线路；B53A/9 至 BK45B/13 线路与 B53A/10 至 BK45B/6 线路分别为温度传感器 2 的供电与搭铁线路。

<<< 5. 直流充电接触器控制

电池管理系统 BMS 分别通过 BK45A/24 与 BK45A/33 号端子控制充配电总成内部的直流快充负极接触器与直流快充正极接触器的吸合与断开，当直流快充负极接触器与直流快充正极接触器吸合时，车辆开始进行直流快充。

新能源汽车直流快充故障案例分析与故障检修

<<< 1. 直流快充系统故障现象检查与确认

（1）打开直流充电口盖，连接直流充电枪（图 4.23）。

（2）观察仪表现象，如表 4.2 所示。

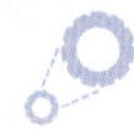

图 4.23　直流快充系统故障现象检查与确认

表 4.2　仪表现象

观察项目	观察结果		备注
充电连接指示灯	正常☐	异常 ☑	无充电连接指示灯
充电功率显示	是☐	否 ☑	无充电功率显示
OK 灯点亮	是 ☑	否☐	
仪表正常点亮	正常 ☑	异常☐	
故障提示	无 ☑	有☐	
故障指示灯	无 ☑	有☐	

<<< 2. 直流快充系统故障诊断步骤

连接诊断仪读取故障码、数据流，具体如下：

（1）将诊断仪 OBD 插头连接至车辆 OBD 接口处。

（2）打开诊断仪，选择车辆品牌、车型，选择整车扫描功能，读取全车故障码（图 4.24）。

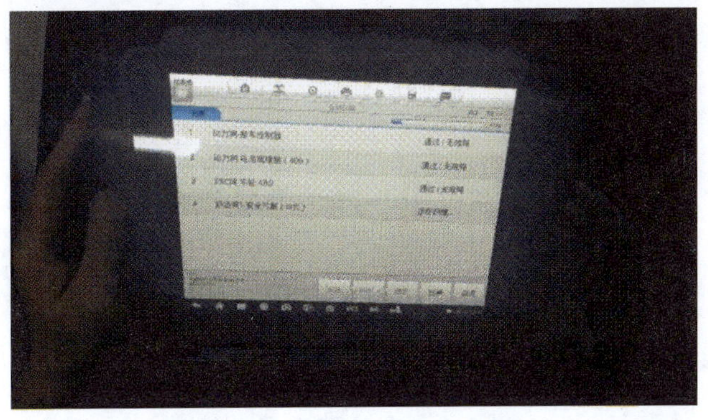

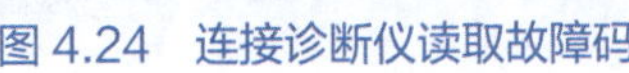
图 4.24　连接诊断仪读取故障码

<<< 3. 故障诊断及测量

依据故障可能原因分析，以及故障诊断流程，开始进行故障数据的测量与分析。

（1）断开蓄电池负极，拔下 BMS 低压插头 BK45B。

（2）连接蓄电池负极，连接直流充电枪。

（3）使用示波器测量 BK45B/24 号端子（充电 CAN–H）、BK45B/25 号端子（充电 CAN–L）波形（图 4.25），波形正常，说明充电桩能通过充电枪与车辆正常通信。BK45B/24、BK45B/25 号端子测量位置示意图如图 4.26 所示。下一步测量直流充电感应信号线路。

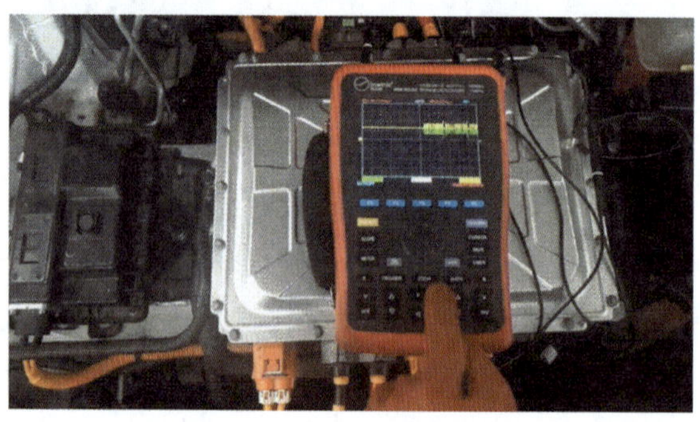

图 4.25　测量 BK45B/24、BK45B/25 号端子波形

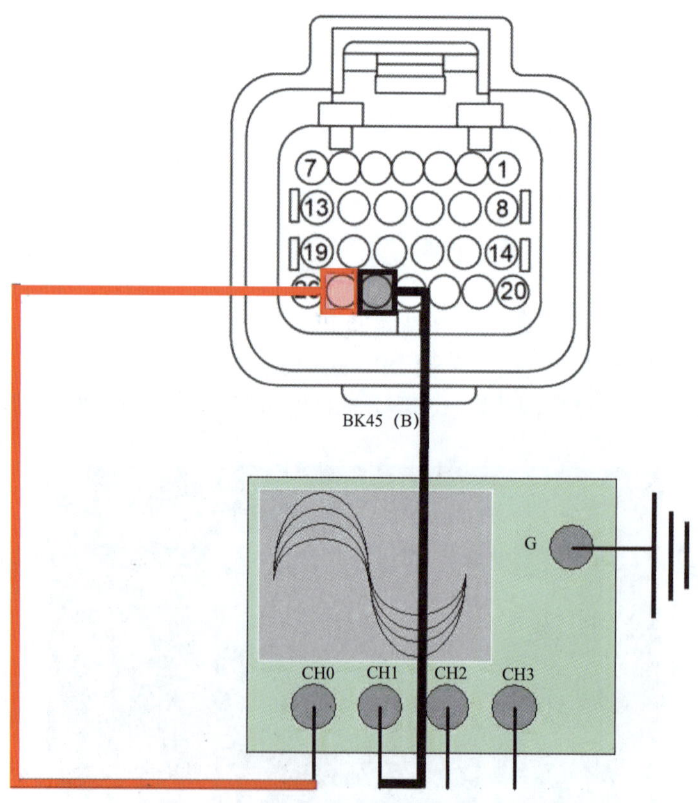

图 4.26　BK45B/24、BK45B/25 号端子测量位置示意图

（4）拔下直流充电枪，断开蓄电池负极，连接电池管理系统 BMS 低压插头 BK45B。

（5）连接蓄电池负极，连接直流充电枪。

（6）使用示波器测量 BK45B/15 号端子（直流充电感应信号）波形，波形为 5 V 直流电压信号，波形正常（图 4.27），说明 BMS 发出的直流充电感应信号正常。BK45B/15 直流充电感应信号波形测量位置示意图如图 4.28 所示。下一步测量直流充电口直流充电感应信号。

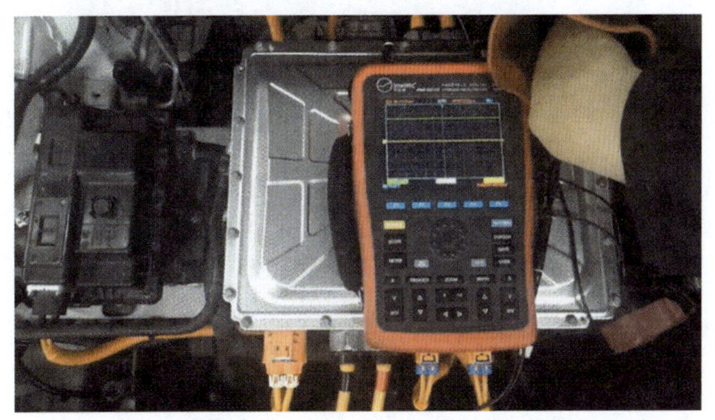

图 4.27　测量 BK45B/15 号端子直流充电感应信号波形

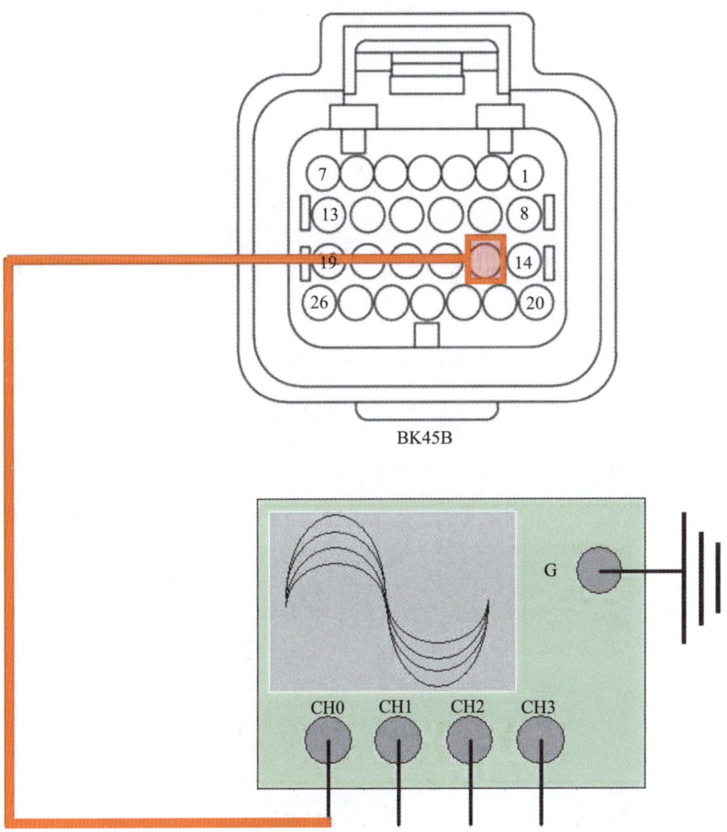

图 4.28　BK45B/15 号端子直流充电感应信号波形测量位置示意图

（7）测量直流充电口连接插头 B53A/3 号端子波形（图 4.29），波形为 0 V 直流电压信号，异常，说明电池管理系统 BMS 发出的直流充电感应信号没有被直流充电口接收到。B53A/3 号端子测量位置示意图如图 4.30 所示。下一步测量直流充电感应信号线路电阻值。

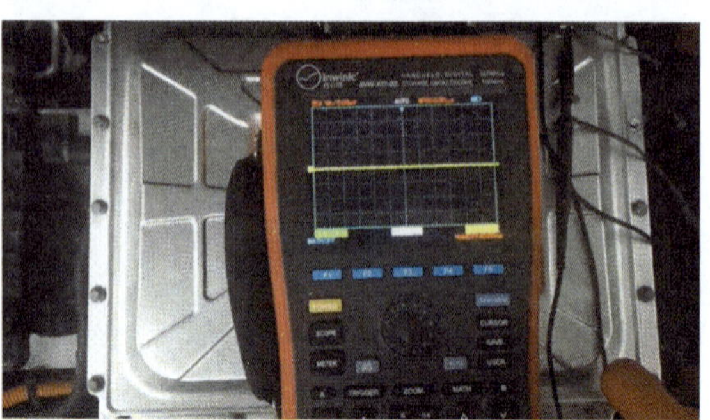

图 4.29　B53A/3 号端子波形

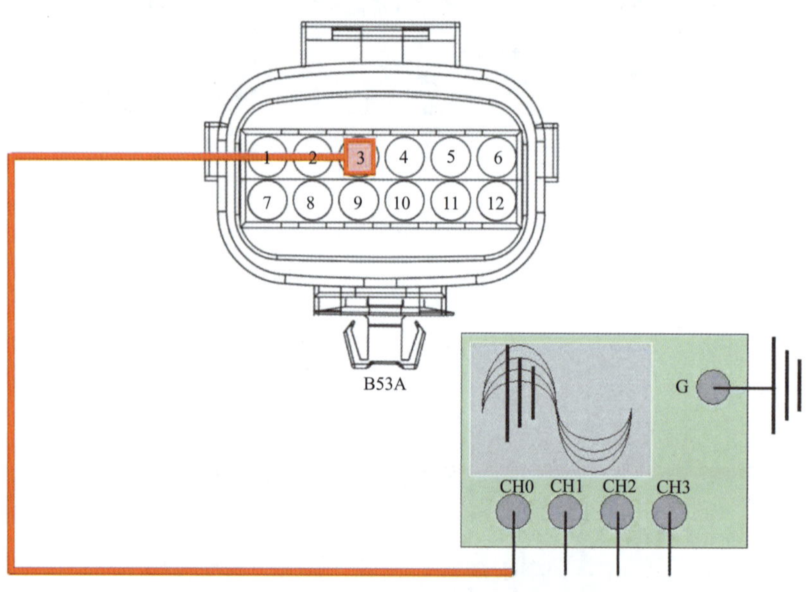

图 4.30　B53A/3 号端子测量位置示意图

（8）断开蓄电池负极，拔下 B53A 与 BK45B/15 插头，测量 B53A/3 号端子与 BK45B/15 号端子之间的电阻（图 4.31），测量数值为无穷大，发生异常，因为标准数值为小于 1 Ω，

图 4.31　测量 B53A/3 号端子与 BK45B/15 号端子之间的电阻

说明 B53A/3 号端口至 BK45B/15 号端口线路断路。B53A/3 号端子与 BK45B/15 号端子测量位置示意图如图 4.32 所示。

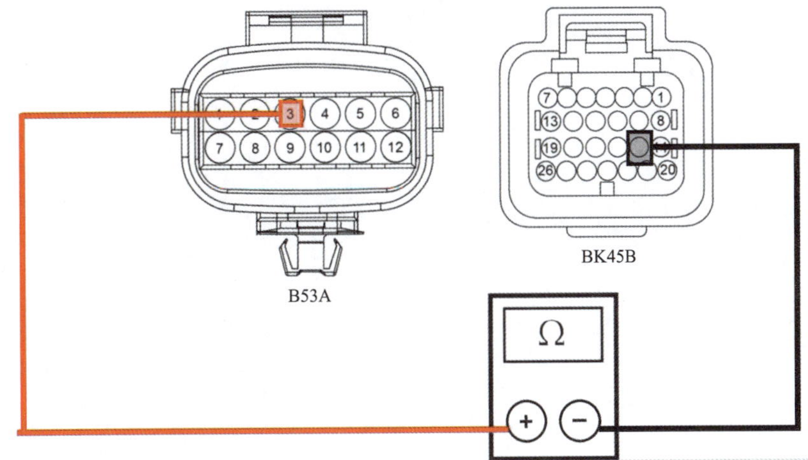

图 4.32 B53A/3 号端子与 BK45B/15 号端子测量位置示意图

<<< 4. 故障修复与总结

1）故障修复

（1）更换、维修故障线路。

（2）连接蓄电池负极。

（3）连接蓄电池负极后，起动车辆，清除并再次读取数据流，发现数据流恢复正常，如图 4.33 所示。

（4）连接直流充电枪，车辆充电正常。

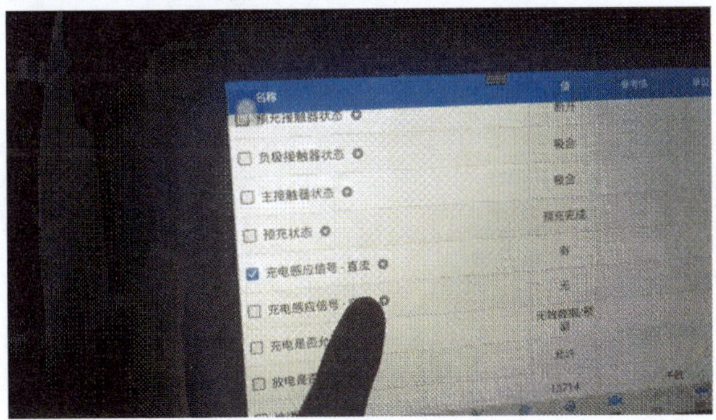

图 4.33 故障恢复后的数据流

2）故障总结

由于直流充电感应信号线路断路，电池管理系统 BMS 无法识别直流充电枪的插枪状态，所以连接直流充电枪后，组合仪表不显示充电连接指示灯，电池管理系统 BMS 无法进入直流快充状态，快充正极、负极接触器无法吸合，车辆无法正常充电。故障线束更换后，整车直流充电感应信号传输正常，仪表充电连接指示灯显示正常，数据流恢复正常，直流充电成功。

实训工单

直流快充系统故障检修实训工单

学生姓名				班级		
车辆信息登记		教师评分		实际用时		
项目	内　容			配分	得分	备注
故障现象描述				15		包含触发条件、仪表现象、功能现象、诊断仪信息等故障现象
通过分析找出故障可能原因				20		结合故障现象，分析故障初步原因
维修资料查阅				10		查阅电路图、维修手册，找出故障相关维修说明
过程数据记录				20		记录故障诊断的测量条件、测量工具、测量数据及相关判断结论
故障点和故障类型				15		准确记录故障点及类型
故障机理分析				20		分析故障形成原因及解决方法

参考文献

[1] 弋国鹏，魏建平. 电动汽车控制系统及检修[M]. 北京：机械工业出版社，2020.

[2] 中华人民共和国工业和信息化部，国家能源局. 电动汽车传导充电系统安全要求：GB 44263—2024[S]. 北京：中国标准出版社，2024.

[3] 电动汽车传导充电系统：第 1 部分　通用要求：GB/T 18487.1—2023.

[4] 电动汽车安全要求：GB 18384—2020.

[5] 锂离子电池组安全设计指南：GB/T 42728—2023.

[6] 锂离子电池和电池组安全使用指南：GB/T 42729—2023.

[7] 电动汽车用驱动电机系统：GB/T 18488—2024.